解读

丁宥允◎编著

红顶商人胡雪岩 上

中国出版集团

现代出版社

图书在版编目(CIP)数据

解读红顶商人胡雪岩(上)/丁宥允编著. —北京:现代
出版社,2014.1

ISBN 978-7-5143-2148-7

Ⅰ.①解… Ⅱ.①丁… Ⅲ.①胡雪岩(1823~1885)-商业经营-谋略
②胡雪岩(1823~1885)-生平事迹 Ⅳ.①F715 ②K825.3

中国版本图书馆 CIP 数据核字(2014)第 008559 号

作　　者	丁宥允
责任编辑	王敬一
出版发行	现代出版社
通讯地址	北京市安定门外安华里 504 号
邮政编码	100011
电　　话	010 - 64267325 64245264(传真)
网　　址	www.1980xd.com
电子邮箱	xiandai@ cnpitc. com. cn
印　　刷	唐山富达印务有限公司
开　　本	710mm × 1000mm　1/16
印　　张	16
版　　次	2014 年 1 月第 1 版　2023 年 5 月第 3 次印刷
书　　号	ISBN 978-7-5143-2148-7
定　　价	76.00 元(上下册)

目 录

第一章 胡雪岩的为人智慧

第二章 胡雪岩的圆世智慧

第三章　胡雪岩的交际智慧

第四章　胡雪岩的用势顺势智慧

第五章　胡雪岩的谋略智慧(上)

第一章　胡雪岩的为人智慧

1. 立远大的志向，做自己的主人

人有大自信必有大志向，人有大志向才会有大成功。被左宗棠称为"商贾奇男子"的胡雪岩便是一个拥有大志向的人，他很早就立下了志向："早晚有一天，我要自立门户，闯出一条通天大道来，这样才能算得上是一个大男人。"正是这个"鸿鹄之志"，成就了这位后来富可敌国的"红顶商人"。

胡雪岩的志向看似普普通通，却体现出了他要在商场上自立门户、开疆拓土、雄踞一方的雄心壮志。俗话说，"宁为鸡头，不为凤尾。"很多人都希望开创出一片属于自己的自由天地，胡雪岩也不例外。胡雪岩的第一个目标就是自立门户、自己当老板。

事实上，每个成功的大商人当初都确立过这样的目标。当然，我们也应该看到，即使拥有了远大的志向，如果没有积极地去亲身实践，那么志向就会变成镜中花、水中月。要知道，志向越高，实现志向和目标的难度就会越大，也越需要脚踏实地地去做，越需要百折不挠、坚忍不拔的意志。让我们来看看胡雪岩是如何确立目标与志向，又是怎样实现自己的目标与志向的。

自小胡雪岩的父亲就去世了，与母亲相依为命的他尝尽了生活的艰辛。刚进入信和钱庄时，胡雪岩只是一个学徒。最初，他和其他学徒一样，也是从扫地、擦桌子、倒便壶、提马桶等一些又脏又累的杂活干起的。但是，胡雪岩从来没有因为这些而灰心丧气过，相反，他一直都是脚踏实地干活。老板看他平时干活脑袋机灵，又踏实肯干，就试着让他接触一些钱庄业务的事情。胡雪岩内心有着远大的志向，这也让他成了一个很用心和很细心的人，所以当老板让他做业务时，他很快地就得心应手了。老板看他勤奋、好学，所以相当地器重他。而胡雪岩凭借着自己的聪慧，和一心想出人头地的远大抱负，没过多久就做到了"档手"的位置，这个职位相当于现在的银行办事员。

那时候，还不到二十岁的胡雪岩，却已胆识过人。为了以后发展自己的事业时能有一个良好的基础，为了能寻找到一个稳固的靠山，他竟然自作主张，挪用了收回来的五百两银子去资助穷困潦倒的王有龄进京捐官。当时的他因为此事不仅丢了饭碗，还使自己在同行业中落下了一个不守规矩的坏名声，从而令杭州城的每一个钱庄都不敢雇佣他，最后竟然落魄到要靠打零工吃饭的地步。

然而，他并没有因为这件事而怨天尤人，而是默默地从最低等的工作做起。通常，人在最困难的时候也是离成功最近的时候，最黑暗的时候也是离光明最近的时候。王有龄因胡雪岩的资助进了京城，居然一切顺利。待回到杭州后，王有龄很快就得到了一个浙江海运局坐办的肥缺。

王有龄感恩图报，一回到杭州就到处打听胡雪岩的下落。胡雪岩再次遇到王有龄，因为资助王有龄而留下的恶名从此也就自然地消除了。王有龄打算让胡雪岩帮他做事，待有机会时再帮胡雪岩捐个官，也好让胡雪岩在它场上做出一番成就来。

但胡雪岩并没有答应王有龄的安排，因为他早已有了自己的打算：不管是当官还是做学徒，终究会受人牵制，他不愿意再过寄人篱下的生活。他要当老板，要有属于自己的事业，要做自己的主人。"自己做不得自己的主，算什么好汉？"胡雪岩做人的一个原则就是做自己的主人。正因为有了这种志向，胡雪岩才能在商业成就之路上一步步地向前迈进。所以他一上手就要开办属于自己的钱庄，当老板。实际上，这时的胡雪岩连一两银子都拿不出来，但胡雪岩是一个非常有远见的人，他想到了王有龄不会一直在这个官位上待下去，还会外放州县。按他的想法，现在用几千两银子先把钱庄架子撑起来，到时候就可以代理官库银钱往来，凭他的本事，再加上王有龄在官场中的关系，一定能把事业办到，办好。

胡雪岩凭着这种自信，做起了属于自己的钱庄生意，并且渐渐地把生意扩大到了各行各业，从而闯出了一条通天大道，成为了富甲一方的"红顶商人"，实现了自己的远大理想。

胡雪岩一直认为，只有脚踏实地的做事，才有可能成就大事。一个人，不管你多有才干，如果你每做一件事都不能坚持到最后，一碰到困难就半途而废，这样即使才华横溢也干不成大事。

世界上有很多事，本来人人都可以做，只看你是否肯做，是不是一本正经地去做。如果能一本正经地去做，就是很了不起的人。要想成就一番事业，就必须具备雄心壮志，同时还要做好尝尽创业的艰辛的准备，不能半途而废。要越挫越勇，勇往直前，直到实现目标。

2. 想做大事，就要经得起"守"

想成就大事，首先要经得起"守"。这里所说的"守"，指的是商人的心理素质。眼看着苦日子就要熬到头了，好日子要来了，心理上却支撑不住了，垮了，这就是"不能有所守"。反过来说，不管眼前的局势怎么变化不定，都一定要守住了自己的宗旨，从而使自己追求的目标有良好的转机，这就是"守"得住。

在"守"这一点上，胡雪岩要胜过很多人。而他在用人时，其中一条重要标准，就是看这个人有没有耐性，能否克制得住自己，是否"守"得住。有时候，他甚至会故意创造一些不利的条件去考验自己所选用的人。如在选用阿巧的弟弟时，他一来胡雪岩就让他去妓院堂子里去找人，一是试试他的胆量，二是试试他抵制群粉诱惑的能力。阿巧的弟弟过关后，又给足了他银子，让他去送信，这是要试探他能不能拿着钱不乱花，而且会不会讲实话。

要想取得商业上的成功，忍耐坚守是极其重要的素质。记得有一次，胡雪岩为了让外商屈服，并获得一个高价，便主动去联合庞二少爷，然后垄断上海的丝市。没想到，外商非常狡猾，到了年底，一分丝都不收。在表面上，外商表现得他们的国内丝已多得用不完了，暂时不需要从中国采购了，实际上是要逼迫胡雪岩降低价格。

面对这一切，胡雪岩是坚决不会让步的。但如果不想向洋商退却，就必须垫头寸。当时有能力帮助他的，就是庞二。不过，庞二不一定会帮助他。于是，胡雪岩下定决心，与其跟洋人低头，还不如在自己人面前低头。所以，他让刘不才去跟庞二交涉。

这是一段难熬的日子！如果开不出头寸，胡雪岩的钱庄就很可能会被挤兑，开业不久的丝行很可能就面临着重新关门的命运。这种局面，即使是胡雪岩，也差点儿急白了头发。这时，自然是守的时候。这个时候，还要接待人，还要处理日常的一些事务。虽然心急如焚，脸上还要装作若无其事，只能静静地等待着结果。没得到消息前，一切都是未知数。

在商场上，这样的等待往往是一个接着一个，一次接着一次。所以想当一个成功的生意人，就必须学会"守"，懂得耐心地等待。要等待，就要静心。心不静，心跳的声音就会越响，神经的紧张程度就会越发厉害，人经受的磨难就越大。胡雪岩这次受的正是这种折磨。很多人在遭受类似的折磨时，都很容易被搞垮。好在胡雪岩挺了过来，挺到了庞二答应拨头寸。虽然有一半儿是死账，但是只要胡雪岩去要，总会要得过来的。与洋人做丝生意就是要用心守，虽然苦不堪言，但是收获却是双份的。第一，赢得了厚利；第二，打垮了洋人，同时也显示出了与同胞联手的力量。

这种面对绝境心不死的"强"、"守"的品质，在人的德性中是最难具备和做到的。胡雪岩至死不愿退却的这种难能可贵的商人品性，也没有辱没左宗棠对他的那句评语："商贾中的奇男子也。"

胡雪岩这种"守"的品质，是每个想成为成功商人的人都应该学的。因为它既能锻炼人的意志力，也能造就人的智慧。"守"其实也可以说是人的忍耐力，在忍耐中，世间万物才会展现出勃勃生机，才能重新积蓄强大的力量，最终战胜困难。

3.　经得起折磨，扛得住摔打

对于任何人来说，厄运来了，是磨难，经受不住，就会毁掉自己；好运来了，也是折磨，经受不住，也会白白地浪费好运。现在有很多中了大奖一夜暴富的穷人，用不了几年，又会一贫如洗，这就是因为他们经不住好运的折磨。好运来了，拦也拦不住，这是经常发生的事。

好运降临到某个人身上时，能否留得住，就看这个承受的人是否具有接受的能力了。如果把好运放在做事从容自在、气定神闲的人身上，他们就不仅能留住好运，还能把好运放大十倍甚至百倍；如果放在举止失度、手足无措的人身上，他们就会让好运溜走。

几乎每个人都可以分辨出豪门世家和暴发户之间的差距，因为这两类人之间，无论是外表还是内心，无论是穿着打扮还是气质涵养，都非常的不一样。

以上是对能否经得住好运的折腾的探讨。下面是对逆境和挫折的承受能力的讨论。因为人的心理承受能力，更多时候要看其在逆境中的表现。因为在逆境中矛盾会更加集中，成败的选择更迫在眉睫，善与恶、生与死的较量更为激烈。

可以说，胡雪岩身处过的逆境并不多，而且他总能预先得知而准备好了应对之策。在他垄断上海丝茧市场同洋人打商战时，洋人故意与胡雪岩较劲儿。胡雪岩自然不会束手就擒，更不愿意把自己辛苦做成的垄断局面轻易地拱手让人，因而才有了长达半个月的煎熬，为拉头寸他派人回去联络。就在这样的大环境下，胡雪岩也是事先有所准备，通过和庞二等人协商，终于渡过了难关。

胡雪岩唯一一次防不胜防的困境就是他整个钱业王国的崩溃，从钱庄受挤兑开始，促成了胡雪岩整个事业的失败。面对这样的失败，胡雪岩是如何表现的呢？

胡雪岩乘船去杭州时，一上岸，就遇到了一个大变故。胡雪岩心里明白，现在对局面唯一有利的就是自己要镇静。这好比一条船，在海上遇到大风浪，如果船长先慌了手脚，那么必然会引起船员的恐慌，这样就导致各顾自己，谁也不去想办法来拯救船，最终的结果就是船毁人亡；相反，如果船长能镇定自如，把船员组合起来，同心协力，就很可能逃出危险的境地，转危为安。

所以，胡雪岩叫来杭州分号的档手，让他回店里告诉伙计们，钱庄继续营业，有他胡雪岩的其他生意来做后盾，很快就能走出困境。

他又特意去拜访了藩司德馨，向他请教了妥善处理这件事的方略。德馨和胡雪岩关系向来不错，他知道胡雪岩在面对这种困境时，绝不会像其他商人那样一走了之，因此心先宽了三分，并答应胡雪岩，会亲自去疏通浙江巡抚及京城里的都老爷。这样做的目的就是不让这些人因事浮沉，而乱发议论。而最好的办法，就是大家联合起来支持胡雪岩，给胡雪岩充足的时间，让他自己来弥补因挤兑而带来的损失。

有了官场上的信任，胡雪岩才可从容调度，力挽事业于狂澜。胡雪岩能在这样纷乱的环境中有条不紊地处理问题，足以显示出他的气度。他仔细考虑了大局，知道人的一生，有赢也有输，胜败乃兵家常事，最关键的就是心理上不能服输，要把眼光放远，凡事要看得开一些。

　　这样的心胸，在商人中还有很多。与胡雪岩同期且稍后的徐润，也是这样一个经得起磨难的人。徐润在做房地产生意时，数次受挫，很不顺利。但他并不甘于失败，而是屡挫屡起，充分体现了一个成功大商人所必须具备的心理韧性。

　　胡雪岩和徐润都是近代著名的商人，在大变故、大挫折面前，他们都能以沉着的态度去面对。尤其是胡雪岩，一边是要面对以李鸿章为代表的官僚势力的不支持，因为这些人一心只是想给他拆后台；一边还要为保护传统手工丝织业，为保护蚕农的利益而和洋人斗法。可想而知当时胡雪岩所承受的压力有多大，所经遭的折磨有多严重。

　　在事业失败后，胡雪岩的态度仍是光明磊落的，欠了谁的钱他就还谁的，只要力所能及，他就绝不亏别人的钱。因此，当时的人都把他称为是"杭铁头"的典型代表。

　　这种心理素质，已化成一种修养。它需要一个人长久的磨砺，才能真正地获得。胡雪岩遇事不惊的心理素质，也是从长期的经历中磨炼出来的。仔细思考人的一生，真正的智力差别固然存在，但意志的差距对一个人事业的成败，一个人形象的好坏起着更重要的作用。

　　遇事要处之泰然，要经得起折磨，扛得起摔打。人生有多少失意，就会有多少得意，这不是宿命，而是幸福哲理与人生之道。成人不自在，自在不成人。想成就大事，就必然要经受大折磨和大摔打；而经受住了折磨和摔打，人生就能到达更高的境界。

4. 谋大事须有大自信

一个希望获得大成功的人，必须有大自信。

中国有句成语，叫做"谋事在人，成事在天"，一般的理解，也就是一事的成败虽在人的谋划，但最终还是取决于成事的条件，甚至是人力难及的命定之数。这句成语，多少透露出中国人对于事功成败不无悲观色彩的宿命理解。胡雪岩把这句成语彻底改过，变成了"立志在我，成事在人。"应该说，也正是这一改，让我们看到胡雪岩，即自信。

胡雪岩确实有一种超乎寻常的大自信。

比如他创办阜康钱庄，从外部环境来说，当时由于太平天国起义，国家正处于战乱之中，而且太平天国活动的主要区域，也正是长江中下游地区的东南一带。而当时国内的金融业主范围，还是在商界的影响，都远逊于山西票号。

从自身条件看，胡雪岩此时除了在钱庄学徒的经验外，实际上是一无所有。但他踏入商界之初第一件为自己考虑的事情就是创办自己的钱庄——即使此时还是两手空空，也要热热闹闹先把招牌打出去。此时的胡雪岩所凭据的也就是他的那份大自信。他相信就凭自己钱庄学徒的经验，凭自己对于世事人情的了解，凭自己精到的眼光和过人的手腕，当然也凭借已入官场可做靠山的王有龄的帮助，他足以支撑起一个第一流的、可以与山西票号分庭抗礼的钱庄。就凭着这股子自信，他的阜康钱庄说办就办起来了。

再比如在他的生意面临全面倒闭的最危急的时刻，他也决不肯做坑害客户隐匿私产"拆烂污"的事情。他相信自己虽败不倒。用他的话说,是要输得起,"我是一双空手起来的,到头来仍旧一双空手,不输啥!不仅不输,吃过、用过、阔过,都是赚头。只要我不死,我照样一双空手再翻过来。"这更是一种能成大事者的大自信!

要想成为一个有大成就的人必须有这样的大自信。

当然,我们并不能以为只要有了自信就一定能够成功,有大自信就必定有大成功。能不能真正获得成功,确实还需要许多方面的条件,比如主体是否真正具备能成就大功的能力,比如是否具备某种必不可少的成就一番事业的客观情势,也就是人们通常所说的地利、天时或时势、机遇。但是,不可否认,有没有相信自己能够成就一番事业的自信,无论如何也是一个人能否成就一番事业的必不可少的前提条件。

古往今来,凡是想成大事、能成大事者,都有大自信,所谓"当今之世,舍我其谁",所谓"天生我才必有用",所谓"人所具有的我都具有",所谓"会当水击三千里,自信人生二百年"……这些名言展示的都是有大成就者的豪迈胸怀。

常言道,自信方能自强。能自信,才能有知难而进的斗士勇气,才能有临渊不惊、临危不惧的英雄本色。说到底,一个人的自信心,实际上是他能为某个高远的人生目标发愤忘食、奋力拼搏的内在支撑。我们可以做一个假设,如果胡雪岩当初没有我们已经看到的那份自信,他也许根本就不会想到自己也能开钱庄,那他哪里还会有后来的巨大的成功呢?

要有立志在我、谋事在我、事在人为因而成事也在我的自信。有大自信才会有大志向,才可能有大成功。这是一个方面。与此相联系的,除立志自信之外,还要有认准方向就不避艰难、锲而不舍地干下去的决心和毅力。换句话说，也就是做事要有恒心，要有韧性。任何事要么不做，看准了，决定做而且开始做了，就一定要坚持不懈地做下去，一定要做出个样子来。这也是一个渴望有大成功的人必备的素质之一。

胡雪岩就特别看重这一点。

太平军攻占杭州，杭州城里什么都变过了，唯有更夫老周没变，无论杭州被太平军攻占之前，还是被太平军占领期间，抑或是最后被朝廷收复，更夫老周都是每夜按时打更，从没有间断过一天。更夫老周让胡雪岩在战乱刚过重返故里的第一夜，就听到了"笃，笃，镗！笃，笃，镗"的梆锣之声，久历战乱，刚刚平复，还都是兵荒马乱的样子，这"笃，笃，镗！笃，笃，镗"的太平时世的声音，带给人的无疑是一种安定、恬适、振奋，使胡雪岩也为之肃然动容。当他了解了老周的情况之后，不禁连声赞叹："难得！真难得！"且当即决定把老周收到自己的门下，并委以重任，用他的话说，是要"借重"老周，请他来帮自己的忙。在胡雪岩看来，如老周这样，不论在什么情况下都能一本正经做自己的事情的人，就是一个不同于一般的"了不起"的人。他认为，"世界上很多事，本来就用不着有才干的人去做，平常人也能做，只看你是不是肯做，是不是一本正经地去做。能够这样，就是个了不起的人。"

当然，做生意的确是要有才干的，但是比较而言，脚踏实地、实实在在、锲而不舍地去做，实际上更加重要。道理很简单，立志在人谋事在人成事在人最终还是事在人为。在于自己能充满自信地一步一步努力去做。成天在那里做黄金梦、做老板梦，成天只是躺在床上谋划如何去赚大钱，却不愿意去品尝创业的艰难和辛酸，或者浅尝辄止遇难即退，尽做些半途而废的事情，要想赚钱也只能是白日做梦。哪有天上掉馅饼的好事！证之古今，没有一个成功的商人不是在艰难困苦中凭着一股锲而不舍的韧性，从一点一滴的小事一步一步干出来的，例如很多人都知道香港爱国商人李嘉诚就曾经做过很长时间的穿行于大街小巷推销商品的推销员，"金利来"的老板曾宪梓创业之初也曾不辞辛劳出入于大小商店，为推销自己生产的领带向人陪尽笑脸也尝尽了别人的冷眼。

对于该干的事情在任何情况下都能坚持干下去的人，确实是了不起的人；而看准了的事，只要在任何情况下都能充满自信坚持不懈地干下去，就一定有可能取得了不起的成就。

胡雪岩这里所说的只要肯一本正经去做事的人就是了不起的人，与他经常对自己的雇员说的"凡事要么不做，要做就要象个样子"，意思是一样的，也就是强调不仅要能立志、有自信，还要能真正去踏踏实实地做事。从某种意义上说，他这里实际上概括了一个成功者之所以能够取得了不起的成功的最重要的秘诀。

一个人要想获得成功，就他个人的心理素质来说，自信总是必不可少的。其实，一个商人具有的所谓自立门户的意识，开疆拓土的气魄，乃至敢于刀头舔血的胆量，都源自他的自信，坚信自己能够凭着自己的能力自立起自己的门户，开拓出一片自己的疆土的自信。西方有一种说法，叫做一个认为自己不可能获得成功的人，他一定会选择一条失败的路走下去。这说法真的是很有些道理的。一个希望获得成功的人，必须建立起相信通过自己的努力一定可以获得成功的自信。

5. 什么时候都要沉住气

"气，乃神也；气定，则心定，心定则事圆。"《老子》中的这句话道出了一个人沉住气在事业中的重要作用。

胡雪岩因此而受启发，把"沉住气"做为自己生意场上的一着手面。故他常说："千万要沉住气。今日之果，昨日之因，莫想过去，只看将来。今日之下如何，不要去管它，你只想着我今天做了些什么，该做些什么就是了。"

明代的吕坤在《呻吟语》中描述了"沉住气"的表现："在遭遇患难的时候，内心却居于安乐；在地位贫贱的时候，内心却居于高贵；在受冤屈而不得伸的时候，内心却居于广大宽敞，就会无往而不泰然处之。把康庄大道视为山谷深渊，把强壮健康视为疾病缠身，把平安无事视为不测之祸，那么你在哪里都不会不安稳。"吕坤说的三个"在"，才是"沉住气"的真正态度。一个人如果达到了这种"沉住气"的境界，无论他遭遇何事都能够泰然处之而不乱。

但在现实生活中，人有时候很容易沉不住气，危机出现的时候容易沉不住气，事情太顺了，也容易沉不住气。比如王有龄，进京捐官成功，由于有何桂清的推荐，回到杭州很快就得到了海运局坐办的实缺，而在胡雪岩的全力帮助下，涉及王有龄自己以及整个杭州官场人物前途的漕米解运的麻烦，也一举圆满解决。这个时候又恰逢湖州知府出缺。湖州为有名的生丝产地，丰饶富庶，是一个令许多人垂涎的地方。王有龄由于漕米解运的事，已经在杭州得了能员之称，这使他一下子又得了湖州知府的肥差。不仅如此，他还同时得到了兼领浙江海运局坐办的许可。一切如意，他实在是太顺利了。

如此顺利，连王有龄都有点不相信自己的运气会如此之好，他对胡雪岩说："一年工夫不到，实在想不到有今日之下的局面。福者祸所倚，我心里反倒有些嘀咕了。"还是胡雪岩大气得多。他对王有龄说："千万要沉住气。今日之果，昨日之因，莫想过去，只看将来。今日之下如何，不要去管它，你只想着我今天做了些什么，该做些什么就是了。"

胡雪岩的这番话，不外乎是说人要不为宠辱得失所动，不要过多地去想自己面对的得失，而应该要把眼光往远处看，更注重该做必做的事情。这番话虽然是具体针对王有龄的沉不住气说的，但却也实在说出了一番应对人事的大道理。人确实要有一点这种不为宠辱所动，不被得失所拘的大气。一时的得失荣辱虽并不能都轻轻松松全看作过眼烟云，但比较而言，一时的荣辱得失无论如何比不上该做必做的事情重要。人总是要往前走的。只有做好当下该做必做的事情，才是往前走。再说，一时的荣辱得失，其所得所有，必有它该得该有的缘由。俗话说，没有无由的福祉，也没有无由的灾祸，所谓"今日之果，昨日之因"，即如王有龄的"运气"，其实也是他与胡雪岩的一系列努力"做"出来的。从这一角度看，也就没有必要去为这得或失去犯"嘀咕"了。

在生意场上，要"沉住气"，还表现在能够遇事不惊。遇事不惊，必凌于事情之上；达观权变，当安守于糊涂之中泰然处之。不泰然处之不能息弭事端，只能生事、滋事、扰事、闹事；不泰然处之不能力挽狂澜，只能被卷入漩涡之中，抛于险浪之巅。

遇事不惊，要做到独自一人时，超然物外的样子；与人相处时，和蔼可掬的样子；无所事事时，语默澄静的样子；处理事务时，雷厉风行的样子；得意时，淡然坦荡的样子，失意时，泰之若素的样子。

胡雪岩就是一个遇事不惊很能沉得住气的人。阜康挤兑风潮波及杭州，在杭州主事的螺蛳太太本来是一个很有主见也很能干的人，但她也被突如其来的灾难"震"得不知所措了。就在这时，胡雪岩回到杭州。也来到钱庄的时候，正遇店里开饭，他居然还有一份"闲情逸致"去看伙计们的饭桌。见伙计们的饭桌上只有几个平常的菜，他居然还有心思嘱咐钱庄"大伙"谢云清，说是天气冷了，该用火锅了。他要谢云清把冬至以后才用火锅的规矩改一改，照外国人的办法，以气温的变化做标准，冬天寒暑表多少度吃火锅，夏天寒暑表多少度吃西瓜。虽然这种关心店员生活的情形以前也有，但在面临破产倒闭的关头还能如此沉得住气，连那些伙计们都感到十分惊异。

胡雪岩能够如此沉得住气，就在于他能够将得失心丢开的大气。他知道事业不是他一人创下的，出现现在的局面，当然也不是他一个人的过失，今日之果得自昨日之因，这个时候陷于得失之中不能自拔，不仅于事无补，甚至更加坏事，他告诉自己，不必怨任何人，甚至连自己都不必怨，只想现在该什么，怎么做，这才是至关重要的。事实上，他由自己沉得住气而来的冷静，使他在危机来到的时候采取的措施手段，大体都还是有效的，比如他那使伙计们惊异的"看饭桌"，对于稳定人心就起到很好的作用。只是客观情势已经不允许他能够起死回生，再好的手段也只能维持一时，而无法从根本上解决问题了。

在商言商，生意人当然不能不计得失。但许多时候，特别是危机出现的时候，生意人又确实比任何人都需要将得失抛开，因为只有这样，才能真正沉得住气。如果为眼前得失所拘，甚至斤斤计较于得失不能自拔，就很可能被眼前得失所惑而陷于一种迷乱之中，对于眼前该做、必做的事情都看不清了。

记住：无论面对什么情况，无论面临何得何失，都千万要遇事不惊，临危不乱，沉住气。

明代的吕坤在《呻吟语》中写道："在遭遇患难的时候，内心却居于安乐；在地位贫贱的时候，内心却居于高贵；在受冤屈而不得伸的时候，内心却居于广大宽敞，就会无往而不泰然处之。把康庄大道视为山谷深渊，把强壮健康视为疾病缠身，把平安无事视为不测之祸，那么你在哪里都不会不安稳。"吕坤说的三个"在"，就是"沉住气"的真正态度。一个人如果达到了这种"沉住气"的境界，无论他遭遇何事都能够泰然处之而不乱。

6. 敢开风气之先

胡雪岩曾自述，"作生意靠的是眼光、手腕、精神力气，三者缺一不可。"单就眼光而言，他最高明的眼光莫过于开风气之先，去与洋人做生意。这也是胡氏发迹的重要因素之一。

胡雪岩本人曾说过："我胡某人之有今天，是天时、地利、人和，再加上两个可遇不可求、可一不可再的机会凑成的"。

胡雪岩这里说的两个可遇不可求、可一不可再的机会，一个是指海禁大开，可以与洋人做生意，另一个则是指左宗棠西征。洋场生意同左宗棠西征一样，成就了他的事业。

海禁初开之时，懂得与外国人打交道的没有几个。胡雪岩凭着自己的聪明和古应春等人的帮助，与外国人周旋斗智，在与外国人进行的丝、茶、以及军火交易中大发其财。

在胡雪岩首次做丝茧生意时，就遇到了和洋人打交道的事情。并且遇见了洋买办古应春，二人一见如故，相约要得用好洋场势力，做出一番市面来。

胡雪岩在洋场势力的确定，是他主管了左宗棠为西北平叛而特设的上海采运局。上海采运局可管的事体甚多。牵涉和洋人打交道的，第一是筹借洋款，前后合计在一千六百万两以上，第二是购买轮船机器，用于由左宗棠一手建成的福州船政局，第三是购买各色最新的西式枪支弹药和炮械。

由于左宗棠平叛心坚，对胡雪岩的作用看得很重，凡洋务方面无不要胡雪岩出面接洽。这样一来，逐渐形成了胡雪岩的买办垄断地位。洋人看到胡雪岩是大清疆臣左宗棠面前的红人，生意一做就是二十几年，所以也就格外巴结。这也促成了胡雪岩在洋场势力的形成。胡雪岩的洋场势力、官场势力、合在一起，促进了他的商场势力。

结交洋场势力是胡雪岩"公关"的第二个内容。胡雪岩生活在一个海禁大开的时代，出于中外互市的需要，他在咸丰、同治年间就与洋人打交道了，法国人日意格、德克碑就与他有"交情"。胡雪岩通过他们两人拉起中法联合的"常捷军"以对抗太平天国农民军。后来，这两人还与胡雪岩一道协助左宗棠办福州船政局，并出任该船政局的正、副监督。

胡雪岩虽在杭州发迹，但兴盛后以上海为其商业活动的中心，因为当时的上海由于地理位置优越、得风气之先，已具备金融、法

律、城市设施、近代外贸、航运和其它外贸工业等一系列适应近代
久贸商业所必需的条件，而成为全国外贸中心。在这里，胡雪岩不
失时机地同法商洋行、德商泰来洋行、英商汇丰和丽如洋行、怡和
洋行等机构进行商务上的合作，上述洋行是外国资本控制中国金融
市场的大本营，其中丽如洋行（OrientalBankingCorporation）直译为
"东方银行"，前身是英国设于孟买的西印度银行，1845 年（道光二
十五年）始改此名，迁总行到伦敦，并在香港和广州设分行，这是
出现在中国土地上的第一家外国银行。这些洋行来头大、资本大，
它们通过经营外国在华洋行的汇兑、进出口押汇、打包放款、信用
透支、吸储华人存款、向清政府发放贷款等业务左右中国的政治、
经济局势。胡雪岩虽然不是固定地充当某个洋行的买办，但他与这
些洋行保持密切的关系，后来采办船政局机器、西征武器、筹借西
征洋款，无一不是借重于洋行。"惟利是图"的洋人知胡是左宗棠的
宠儿，做生意又出手豪阔、讲求信誉，因而也将他"推为中国第一
人"，信其千金一诺，遇借款总是提出"券中必得胡某画押方可。"
其见重于外洋，由此可见一斑。

　　与那个时代许多办洋务的人不同，胡雪岩在洋场上始终抱着一
种正确的态度。他一向认为，同洋人做生意，两种态度完全要不得：
一则以洋人为野蛮人，茹毛饮血，未经开化。一则见洋人则腿软骨
酥，称之为父母大人，拿这两种态度来办洋务，岂有不丧权辱国的
道理？

　　而他自己，始终抱着在商言商的态度，平和地对待洋人，不卑
不亢，保持了民族的自尊心。

　　中国封闭多年而养成自高自大的恶习，把自己看得比谁都高。
在文化上，崇孔崇古，排斥打击外来文化。自从鸦片战争以后，由

于清政府在军事上尽吃败仗，有许多人便对洋人敬若神明，无论是官吏还是山野村夫，一听"洋"字便色变。形成清末的奇特社会现象，一部份人对洋人的玩艺顶礼膜拜；部份人则大力排斥，极力要求再度锁国，而只有像胡雪岩者才能用一颗平常心来看待洋人、洋务与整个西方世界。

胡雪岩无疑属于那个时代极有远见的人，那些死读四书五经的士大夫，盲目崇古，拘泥于礼法，不知变通。胡雪岩自幼在钱庄长大，没读过多少书，反而能够看得清世界发展的变化趋势，从而随潮流而变。

胡雪岩曾说道"生意的气度源于一个人的眼光，小零售商的老伯，只能看得见一村一庄、一条街的生意。而做大生意的人却能看得见一省乃到全国的生意。"他自己则把眼光放得更远，他看到了国外，知道同洋人做生意才是大有前途的事业。

胡雪岩是商人，最重实际，他看到鸦片战争之后，外国人的船坚炮利已使清政府无力抵抗，然而外国人却也没有能力来吞并中国。中国有自己的文化传统，有自己喜爱的生活方式，人口、疆域的庞大使一切吞并的阴谋终将落空，更何况西方诸国远离中国呢？外国人在中国的目的不外乎是想从中国捞取钱财，经济上获得实惠，所以洋人如果生意上受到损失，他们总是叫嚷要用武力来解决问题。但实际上，真正动用武力，无论对哪一国的商人，损失都是巨大的。这种睿智的眼光，在当时是极难得的。也正是这种正确认识使胡雪岩得以正确对待与洋人的生意，从中获利为自己累积了更强的经济实力。

与洋人打交道，他感受最深的一点就是洋人的政府与清朝政府不一样。清朝的政府商人稍有赢利，他就想来分沾你的好处，巴不得一口把你吞下去。一旦好处得不到,他便处处给商人使绊,让你不得安全,直到让你破产。

洋人的政府,帮洋人做生意。你没钱他放款给你,你出洋做生意它派军舰保护你。一旦中国人欠了钱,他就把枪炮对准中国的城市,甚至自己的商人无理,他还处处袒护。

正因如此,他曾抱怨道:"洋人做生意,官商一体,他们的官是保护商人的,有困难,官出来挡,有麻烦,官出来料理。他们的商人见了官,有什么话可以实说。我们的情形就不同了,官不恤商艰,商人也不敢期望官会替我们出面去争斤论两。这样子的话,我们跟洋人做生意,就没有把握了。你看这条路子走的通,突然官场中另出一个花样,变成前功尽弃。""人家外国人,特别是英国,做生意是第一等人。我们这里呢,士农工商,做生意的,叫啥"四民之末",现在更好了,叫'无商不奸'。"

因为有了这种对比,胡雪岩对封建官僚体制压制商业活动,就有了更切身的看法。不比不知道,一比就能看出来,自己的商人费了好大的劲儿,要在那里创造一个好的经营氛围。因为整个体制所限,商人还只能单个儿地为自己一个人开拓商业地域。稍有不慎,这种经营特权就会被收回。一夜之间会重新处处受阻。因此,他对封建官僚体制提出了尖锐而中肯的批评。

至于洋人自身,在胡雪岩看来,也有他们的好处。他们的好处就是讲道理,讲信用。你认认真真去和他做生意,他也就认认真真和你谈,不会想到生意之外的歪点子。中国的商人就不同,他在商业上做不赢你了,逮着机会,他就会在其它方面坑你。比如利用地方流氓势力,比如利用官府。所以胡雪岩觉得,很多时候,和中国自己的商人打交道很吃力,和洋人打交道,就很省劲儿。洋人的整个体制，已经大大减少了商人从事商业活动的成本。这样倒过来看，胡雪岩的成功就更显得来之不易。中国的商人，办成同样的一件事，付出的心血要更多。

胡雪岩成为中国洋务第一人，有着深远的意义。于整个国家，他借来了左宗棠平定西北的军款，创办了福州船政局，培养了大批海事人才。于他自己，洋场生意巩固了他的商场地位，为他积聚了大批财富。胡雪岩的这种眼光，令我们不得不佩服。

眼光决定气度，眼光决定成败。有了深远的眼光，就敢开一代风气之先，站在时代的潮头，成为一代人才的领军之物。

7. 敢于从刀头上舔血

胡雪岩认为，生意场上向来是小险小利，大险大利，风险与利润是成正比的。敢冒大险，才能得到更多好处。而要想成为大商人，赚大钱，总需要比常人多一点勇气。许多生意人往往忽略冒险对于生意的意义，认为稳扎稳打才是做生意的基本原则。但实际上，那些愿意冒险并且敢于冒险的人，往往会笑到最后，往往会取得更大的成就。因为生意场上，风险与机遇总是成正比的，要想发大财，成为大商人，就要有敢于刀头舔血的非凡气魄。所谓敢于刀头上舔血，就是要敢于承担风险。胡雪岩说："商人图利，只要划得来，刀头上的血也要去舔，风险总有人背的。要紧的是一定要有担保。"

中国古代商人祖师白圭认为：商人四德，智、信、仁、勇，四者缺一不可。而"勇"又支撑其他三者。商业经营中，有着许多稍纵即逝的宝贵商机，等待人们发掘。然而机遇同时往往也意味着风险，机遇越好，风险则会越大。商机稍纵即逝，到底能否抓住机会，并勇于承担必要的风险，这就要求决策者具有当机立断的勇气。

"勇"是什么，勇就是决断。对于商人来说，关键时刻，一念之差，往往导致事情的结局出入甚大。因此，当机遇降临时，能否敢拍板定夺，往往决定着一笔生意的成败。尤其是大部分资金积压于一处时，一旦调度失当，常使经营者遭受倾家荡产之灾。商人多虑，若不能佐以多勇，机遇来临，犹犹豫豫，不敢决断，且不说费神劳力，贻误商机，单是这种摇摆不定的工作方式，也会让员工、合作者为之担心。商人的勇毅不存，开拓商场的锐气就会大打折扣，局面也就可能经常停滞不前。

美国速递大王、联邦快递公司的总裁弗雷德·史密斯说过这样一段话："我认为，企业家一词在某种程度上应当赋予它赌徒的涵义。因为，在许多时候，他们都需要采取相当的冒险行动。"中国近代，具有赌徒气质的商人很多，他们中间最大的赌徒当属胡雪岩。

胡雪岩涉足商海伊始，"赌"的第一把就是在上海的蚕丝生意。当时，他的徒弟陈世龙了解到，上海市面将会不平静，帮会组织"小刀会"将在8月起事。小刀会的起事会给上海市面带来什么影响？该如何应对，这就需要胡雪岩及时做出决断。

如果小刀会在8月起事，此前自己始终专做丝生意，估计不会有太大的风险。但是假定小刀会起事成功了，上海肯定要有好一阵儿混乱，上海与内地交通隔断，外边的丝很难运进。如果能预测到这一情况事先囤丝，大批吃进，它就是一笔好生意。但是囤丝又有风险。首先是要压一大笔本钱，假定市面不出半月又平静了，囤丝也就意义不大。

在局势难以推测的这种复杂情况下，做生意就有风险，就需投资者有敢赌一把的胆识和勇气。这笔生意的结果怎样，只能根据目前手中掌握的极为有限的现实情况估算。至于估计是否准确，情况能否按你估计的方向发展，一切都是一个待卜的未知数。

正因为是未知数，生意有利润，也有风险，才需要商人勇毅果敢的品性。胡雪岩在这笔生意中作出的判断是：大量买丝，囤在租界，必赚！他的理由是：洋人暗中在军火上支持小刀会，政府必然要想个法子治一治洋人，最直接的方式是禁止和洋人通商，所以过不了三个月，洋人很可能有钱而买不到丝，致使上海的丝价大涨。

事情发展果不出胡雪岩所料，两江总督上书朝廷，力主禁商并惩罚洋人，朝廷批准立刻禁商。因而，胡雪岩从生丝生意中大赚了一笔。

这是胡雪岩自立门户以来的第一笔大宗生意。为了做好这笔生意，他调集了几十万银款，其中大部分都是向钱业同行借贷的。因为大家都信任胡雪岩的商业才能，相信胡雪岩的判断。其实是相信胡雪岩所下的判断大致不会错。反过来想一想，假定这一次恰恰是胡雪岩判断错了，或者是生丝已经屯了三个月，利息已经吃进去了几千，忽然清朝政府市禁大开，丝价大跌，恐怕我们一出场看到的就是终场的胡雪岩了。

幸好，结局甚为圆满。在这场生意中，体现了勇和智结合，智和义结合。胡雪岩从官场、洋场和江湖朋友处得来的消息全都千真万确，没有出现纰漏。由于他事前掌握了充足真实的市场信息，使他的这一决断最终变成了白花花的银子。

作为商人，常常是希望市场能沿着自己设计的方向发展，希望自己预知的一切都能被证明是正确的，希望生意运作过程中发生的各种意外越少越好。那么，勇对于商人意味着什么？勇是厚利，勇是机会。白圭之所以把勇列为商人四德之一，就是因为勇一头连接了智，一头连接了风险。当事情的发展结局处在"人知"的边缘，需要勇的时候，就证明，自己对此事的向前发展没有完全确知。如果完全地知道了事情的发展结局就不需要勇，犹如钻入一个已被各种现代化设备整修完好的没有任何风险的大溶洞。不需要勇，顶多需要智，来察清洞中所能够遇到的各种情况。但当你踏入一个荒野中的山洞，哪怕这个山洞并不比前面说的大溶洞危险，也特别需要勇，因为你根本无法预知里面的情况，或许有猛兽，或许没有；或许有毒蛇，或许没有；或许有陷阱，又或许没有……一切都是未知数。

做一件你无法预料其结局的事情，因为是通向求知，所以就可能有机会，有厚利。不过也可能什么也没有，只有无尽的灾难。做一项不知结局的事情，本来其中就包括了许多风险。

胡雪岩之所以在做生意中能有"刀头上舔血"的非凡勇气，首先源于他对每一桩生意运作中的时势、商情的充分了解。这种勇气不是莽撞的一时冲动，而是经过深思熟虑之后作出的最后决定。因此，胡雪岩才能在各个机会来临时勇敢地把握住，并稳赚巨额利润。

"两利相权从其重，两害相权从其轻"。做一件事情，如果需要承担的风险实在太大，甚至有可能"翻船"落水，把自己的老本给搭进去，即使手段再高明的商人也得好好思量思量，不敢贸然出手。当然，如果有过硬的靠山，能够提供有力的担保，在关键的时候为你遮风挡雨，起码不至于赔上身家性命，那就可以冒大险。对于许多人来说，不是不敢冒险，而是你没有可以为自己担保的靠山，根本就冒不起这个险。

胡雪岩白手起家而至富甲天下，就在于他能够巧妙地借助官场靠山的保护，抓住了一个又一个发展机会。换句话说，因为胡雪岩有过硬的靠山做其生意上的庇护伞，不怕冒险，所以他才能豪情万丈地说："商人图利，只要划得来，刀头上的血也要舔"。

敢于刀头上舔血，这是任何一个希望获得大成功的商人的都必须具备的基本素质。这里的原因其实很简单，没有风险的生意人人会做，利益均沾。但是如此这般要在同行同业中出类拔萃实在是难之又难，弄得再好，也不过只比保本微利，混个糊口好上一点。用胡雪岩的话说，也就是"不冒风险的生意人人会做，如何能够出头?"从某种程度上说，凡是能够带来滚滚财源的机会都会包含有风险的因素。如胡雪岩要学山西票号借款给那些调补升迁的官员，表面看来似乎没有什么风险，而事实上仍然担着风险。那些新官上任，也有可能在到官途中或到官不久就出了事，比如病死，比如丢官，兵荒马乱之中，什么情况都可能出现。要是发生这种事情，借出去的钱很可能血本无归。

说到底，这个世界根本没有不担任何风险的生意。而且，商场上一笔生意能得利润的多少，常常是与经营者应承担的风险大小成正比。"富贵险中求"，经营者所担风险越大，所得利润就越多。所谓"撑死胆大的，饿死胆小的"，这似乎是商界一条古今至理，中外相通的风险原则。

要想做一个能赚大钱的成功商人，就必须有过人的胆识和气魄。也就是说，要敢做别人想不到去做，或者别人想到了却不敢去做的事情。特别是能察常人所未察，当然，勇并不是决断的惟一因素，并且这种勇是建立在一定基础上的，那就是对事情的各个方面有个彻底的了解，正确的预测。

8. 尽量将得失心丢开

生意场上风云突变，什么想不到的情况都会出现。既然事情已经发生了，就要保持一颗平常心，既不能因一时的挫折而丧失斗志、一蹶不振，更不能患得患失，失去应对危机所需要的平和心态。

"尽量将得失心丢开"，这是胡雪岩在自己生意面临破产的危机紧要关头，告诫自己的话。

光绪八年，即公元1882年，胡雪岩的生意受到洋行与官场反对势力的两面夹击，已经到了一个最危急的关头。当时，他遭遇了几个让他难以应付的麻烦：

第一，由于越南主权所属问题，中、法矛盾激化，导致了上海市面萧条，银根极紧，整个上海谣言满天，人心惶惶。有钱的人都认为手握现款是最妥当的事，因此由于只提不存，资金周转不灵而倒闭的钱庄，已经好几家了。阜康虽然在官商两界极有影响力，实力雄厚，所受的影响不大，但暗中另有危机。第二，此时胡雪岩准备垄断洋庄市场而囤积起来的生丝，由于洋人联合拒购，出现危机，虽力求摆脱，但由于各种原因，他的收买新式缫丝厂为存货找出路的计划，始终没有得以实现。特别是天津的存丝，削价出售也没有人购买。第三，替左宗棠办洋务向洋行借的款，应还的第二期本金期限将至。由于官场之中李鸿章与左宗棠有矛盾，李鸿章为了整垮左宗棠，拿左宗棠的朋友胡雪岩开刀。于是上海道邵友濂从中作梗，接受盛宣怀的授意加以拖延，该拨还洋款的各省"协饷"始终不到位。按协议偿还洋款，只能由阜康"代垫"。在阜康钱庄银根如此紧张的情况下，这无异是雪上加霜。第四，为左宗棠协赈和购买军火，一共需要拨出四十五万两银子。虽说这是转运局存在阜康的官款，但总是少了一笔可供调度的头寸。第五，胡雪岩的女儿十一月初五出嫁的吉期在即，以胡雪岩定下的宴请局面，至少需要二十万两银子。一旦无法把场面按原计划办得红红火火，别人就会以为胡雪岩资金出现紧张，对维持大局不利。最后，就是钱庄档手宓本常做"小货"，私下借客户的名义，提取现银去南方做生意。照古应春的推测，大概也有十万银子左右。如此种种，正如胡雪岩所说的那样，真正是"不巧是巧，有苦难言"。所谓"不巧是巧"，就是诸多不巧的事全都凑在了一起。

挤兑钱庄的事件是由胡雪岩的商界对头邵友濂与盛宣怀合谋挑起的。邵、盛二人属李鸿章门下，官场之中，李鸿章与左宗棠一向不和，早就有剪除左宗棠羽翼的打算。胡雪岩则属于左宗棠门下，要饷要粮要军械，只要左宗棠开口，都积极主动地办理。这次中法之间战事一起，左宗棠力主与法开战，李鸿章主张讲和，双方再次发生严重冲突，但又不敢公开宣扬，所以李鸿章就暗中做手脚，要先削弱主战派的实力。邵友濂与盛宣怀为了配合自己的主子李鸿章，就拿胡雪岩开刀，派人暗中四出传谣，谎称胡雪岩的阜康钱庄内部空虚，信用不足。

就这样，在盛宣怀的蓄意加害、暗中排挤下，阜康发生了挤兑风潮。挤兑先由上海开始。由于上海阜康钱庄档手宓本常应对措置不当，一下子就酿成不可收拾的燎原之势，不到一天上海阜康就宣布关门歇业。随即挤兑风波蔓延到杭州和宁波分号。而这个时候，胡雪岩正在由上海回杭州的船上，未能回到杭州。杭州虽有螺蛳太太、钱庄档手千方百计勉力支撑，甚至还有浙江藩台德馨的帮忙回护，但也无法维持局面，到胡雪岩回到杭州时，已经关上排门，暂停营业了。

十一月初三，胡雪岩一到杭州，马上就知道上海和杭州发生挤兑的消息。钱庄是胡雪岩所有生意的"龙头"和起家的本钱。钱庄一倒，他辛苦几十年建立的商业大厦就会随之土崩瓦解。因此他一听到消息，心情十分沉重，内心的愤怒，恨不得一口唾沫当面吐在挪用公款的宓本常的脸上。担忧和失望，使他差一点丧失理智，他生怕老娘知道沪、杭两地的挤兑风潮急出病来，准备连夜启程就往自己家里赶。好在他马上就明白出了这么大的事情，不能先回家，这样做只会让那些把自己的血汗钱托付给阜康的客户觉得阜康老板只顾自己，不顾客户的利益，会一下子就失去人们最后的信任。

胡雪岩心中十分清楚，现在惟一于局面有利的，是要自己沉住气。他认为，这就好比一条船，遇到了大风浪，如果作为一船之主的船长先慌了手脚，必然会引起船员更大的慌乱。如果船长乱了阵脚，那么船员就会只顾自己，谁也不会设法拯救大船，结果只能是船毁人亡，大家一齐丧生大海。反过来，危机当头，只要船长能够处之泰然，沉住气，能把整船的人都组织起来，同心协力，就有逃出险境化险为夷的可能。

到了阜康钱庄，胡雪岩终于使自己重新冷静下来。他暗暗告诫自己，发生挤兑风潮，不能怨任何人，连自己也不必怨，要尽力将得失心丢开，最好忘掉自己是阜康东家的身份，就当自己是胡雪岩的"总管"，胡雪岩已经"不能问事"，委托他全权处理这一场突如其来的灾难。

当上海挤兑风潮波及杭州时，胡雪岩告诫自己要将得失心丢开，也就是因为在这样的紧要关头，只有将得失之心先放到一边，才能集中自己的注意力，去考虑如何应对危机，寻找化解危机、反败为胜的策略。

从心理学上分析，胡雪岩这样做确实使自己找到了能够冷静下来，集中全部心力应对当时的灭顶之灾的关键所在。事实上，危机当头，如果一心只想到自己的得失，势必被灾难发生之后的可怕后果所吓倒，无法冷静而清醒地思考摆脱困境的措施，会让自己在恐惧和慌乱中手足无措，这样一来很可能会使本来还有一些可以挽回的机会，全都丧失了。

其实在生意场上，一个生意人不仅在面临危机时要时刻地提醒自己将得失心丢开，即使在事情一帆风顺的时候，许多情况下也要能够提醒自己不要将得失看得太重。一个得失心太重的人，必然无法超脱地以长远的眼光看问题。一个只顾自己得失的人，就根本无法在自己得利的情况下主动想到别人的难处。无法将得失心暂时丢开，就不可能想到不可为赚钱而开罪同行，更不会想到有些钱能赚，有些钱却不能赚。然而一旦这些"想不到"真正发生的时候，失去的往往已经比得到的多得多了。

9. 拿得起，更要放得下

战场上没有永远不打败仗的将军，同样商场也不会有常胜不败的"不倒翁"。生意场上，没有人能够向世人宣称自己可以立于不败之地，也没有一个人能够真正地做到永远立于不败之地。一般来讲，做生意，成功的机会总是相对的，而失败的可能却是绝对的。没有生意人会愿意自己的生意发生意外，但没有一个生意人会遇不到出事。

因此，任何一个征战商界的人，都要有输的心理准备，都要有赢得起也输得起的心理素质。也就是说，在输赢面前既要拿得起，更要放得下。因为只是赢得起并不能够算是真正的好汉，只有输得起，而且输得洒脱，输得大气，才是真正的好汉。胡雪岩就是商界中这样一位"拿得起，放得下"的好汉。

上海阜康钱庄的挤兑风潮波及杭州。正当胡雪岩全力调动、苦撑场面，要费尽心机千方百计地保住杭州阜康钱庄的信誉，试图重振雄风的时候，真是"屋漏偏遭连阴雨"，又传来宁波通裕、通泉两家钱庄同时关门的消息。

通裕、通泉两家钱庄，是阜康钱庄在宁波的两家联号。上海阜康钱庄总号发生挤兑风潮，档手宓本常暗自来到宁波。本来他是要向这两家阜康联号筹集现银以解决资金困难，但由于宁波市面也受时局影响，颇为萧条，这两家钱庄不仅没有能力接济阜康总号，甚至已经自身难保。宓本常到宁波不久，通泉档手就迫于局面无法应对，不知避匿何处，通裕档手则自请封闭。因此，宁波海关监督候补道瑞庆即命宁波知县派官兵查封通裕，同时给现任浙江藩台德馨发来电报，告知宁波通裕、通泉两家钱庄已经关门，并请转告这两家钱庄在杭州的东主，急速到宁波协助清理后事。

通裕、通泉的东主就是胡雪岩。德馨接到电报心情沉重，因为他与胡雪岩有很深厚的交情，不能坐视不救，马上让自己的姨太太莲珠向胡雪岩转达通裕、通泉的情况，并承诺假如这两家钱庄有二十万可以维持住的话，他可以出面大力帮助，请宁波海关代垫，由浙江藩库归还。但当莲珠如此转告胡雪岩的时候，胡雪岩却不肯接受朋友的热情帮助。他请莲珠告诉德馨，他好心肯为自己垫付二十万维持那两家钱庄，他十分感动，但这只是头痛医头，脚痛医脚，已经不能挽回败局，最终结果还会导致连累德馨，因此，并不是一个好办法。在目前危机重重的情况下，维持通裕、通泉钱庄的运营，不过是在弥补已经裂开了的面子，怕就怕这里补了那里又裂开了。胡雪岩决定放弃维持通裕、通泉这些已经无法维持的商号，而集中自己的全部力量保证目前还可以正常营运的杭州阜康钱庄，也就是竭尽全力"保住还没有裂开的地方"。

用现代经营理念进行分析，先保住还没有裂开而可能保住的地方，其实就是一种处变不惊，收缩战线，保存再生力量，以求再战的策略。生意场上，在面临全面崩溃并且败局已定的情况下，考虑及时收缩战线，集中全部的力量保住有可能保住的部分，对于应付危机和减小损失是极其重要的，也是十分有效的。首先，它可以避免力量过于分散。危机关头，最忌讳的就是力量分散，因为这样会极大削弱有限的财力物力的效能。在已经面临全面崩溃的情况下，要保住所有的生意，是根本不可能的。再者，发生险情，最基本的目的应该是图存而不是发展，应该是尽可能保存有生力量，保存一个败而不倒的基础，以图再战。"留得青山在，不怕没柴烧"，只有大胆地丢弃那些已经的确无救或救之极难而又于全局补益不大的部分，才有可能保住自己的核心力量，达到以图再战的目的。

韩愈在《听颖师弹琴》中说过："攀高到一定程度，一分一寸也上不去，一旦失去势力，一落地则不止千丈。"胡雪岩终因左宗棠在官场中势力的衰退，无力相保而最终导致在官场的倾轧中回天无术，一败涂地。胡雪岩几十年所有的卓越辉煌，所有的荣华富贵，都在一夜之间化为过眼烟云，随风飘散。想想真如南柯一梦。

面对危机，胡雪岩也的确称得上是一条能够输得起的好汉。他在仔细考虑了全局后，认为人生做事，必然就会有输有赢，胜败乃兵家常事，关键是心理上不能输，也就是说"既要赢得起，更要输得起"。胡雪岩当时十分沉静，他说："我是一双空手起来的，到头来仍旧一双空手，不输啥！不但不输，吃过、用过、阔过，都是赚头。只要我不死，你看我照样一双空手再翻过来。"正是因为有如此心胸和气魂，胡雪岩虽然输了，但输得很洒脱，很漂亮，很令人佩服。

胡雪岩即使濒临破产也没有为自己匿产私藏，不仅输得大气，而且输得光明磊落。事实上，在当时胡雪岩完全有条件为自己私匿一些钱财的。想想胡雪岩驰骋商场几十年，创下偌大一个家业，富可敌国。仅胡雪岩的二十三家典当的资产就值二百多万，"百足之虫，死而不僵"，不用说现银，就是家中收藏的首饰细软，收集一部分，也可以让他在生意倒闭之后维持一个相当阔绰的生活。在钱庄、丝行全面倒闭之后，由于有左宗棠在官场中的转圜斡旋，胡雪岩只是被革去二品顶戴，责成清理，并没有最后查抄家产，胡雪岩完全有条件转移财产，但他都没做，而是认为这"一切都是命"。他输得大气，这不能不让人钦佩。

另外，在危机关头，胡雪岩自身难保的状况下，他仍然怀有宽以待人的胸襟。宓本常在阜康钱庄倒闭后自杀身亡，胡雪岩却认为实在"犯不着"——因为胡雪岩实际上已经原谅了他的过失和不义。胡雪岩特别嘱咐古应春料理好宓本常的后事。虽然宓本常商业道德不好，但朋友一场，他的后事也应照料。

另外，胡雪岩即使身处绝境，依然为别人着想。夜访周少棠，他回来时身觉寒冷，想到今年的施棉衣施粥需要安排下去；他并不怕官府查抄，因为公款有典当行可以作抵，可以慢慢还。只是清理资产之前，私人的存款不知怎样才能偿还，用他自己的话说："一想到这一层，肩膀上就像有千斤重担，压得喘不过气来。"由此看来，胡雪岩常说的那句"不能不为别人着想"的话，确实并不是说说而已的冠冕之辞。其实，胡雪岩当时经常做一些救济的慈善事业，夏天施茶、施药，冬天施棉衣、施粥，另外还施棺材，办育婴堂，并非是因为所谓"为善最乐"，他只是认为发了财就应该做好事，就好比每天吃饭，例行公事，是应该做的事，也就无所谓乐不乐了。

胡雪岩作为一个旧时的商人，一个自称只知道"铜钱眼儿里翻跟斗"的主儿，能够在自己的一生心血彻底输光的时候，如此洒脱地"认"了，实在是难能可贵。

一个生意人要输得起，最重要的是应该对于"钱财身外物"这句老话，有一种深刻地理解和认识。"钱财身外物，生不带来，死不带去"，这几句话人人会说，人人都十分地理解。然而，当人真正地面对钱财利益得失时，能够做到真正洒脱地将钱财看成是身外之物，又谈何容易！即使胡雪岩，如此洒脱的一个人，也坦然承认自己的所谓看得开也是一个自己骗自己的话。这很容易理解，常人切于己身的苦与乐，多数时候都与这身外之物有关，哪能就那么容易"忍痛割爱"，放弃有可能得到的钱财利益，而轻飘飘地将它视之如粪土！譬如所有的人都知道人是一定要死的，但我们却也总在渴望长生，"凡可以久生而缓死者无不用"。说是一回事，明白道理是一回事，但真正面对现实时怎样去做，则又是另外一回事。

可是我们对"钱财"这身外之物，确实又需要有一个合于人情事理的正确态度。说白了，也就是人以驭物而不可为物所驭。钱财毕竟还是生不带来死不带去的身外之物，就人生来说，也毕竟还有许许多多的比钱财更重要的东西，比如人的健康和生命，世界上没有人会甘心情愿地用自己的生命去换取金钱。因此假如一个人为钱财之得失耿耿于怀而不能自拔，甚至"倾宵独坐，邀月言愁，良夜难眠，呼蛩语恨"，那就实在是有些犯不上了。

生意人与钱财有着不可分割的内在联系，所以生意人更应该懂得，做生意的乐趣，应该是超脱于钱财之上，在利益得失、成功失败面前，应有一颗平常心，既要拿得起，也要放得下。惟有如此，才可以摆脱利益的困惑积极应对商界中的各种情况和现象，成就一番大事业。

第二章　胡雪岩的圆世智慧

1. 处世以"圆世"为要义

时势造英雄、英雄识时势。面对缤纷相呈的世界，怎样才能摆脱眼前的困惑，从容不迫地安身立业，使自己的事业达到巅峰，使自己的人生跨入一个更高的高度呢？

一个人如果过分方方正正，有棱有角，必将碰得头破血流；但是一个人如果八面玲珑，圆滑透顶，总是想让别人吃亏，自己占便宜，必将众叛亲离。因此，做人必须方外有圆，圆中有方，外圆内方。

"方"是做人之本，是堂堂正正做人的脊梁。但是人仅仅依靠"方"是不够的，还需要有"圆"的包裹，圆就是圆通，圆活，圆融，圆满，围绕着这一个"圆"字，做足了通、活、融、满，一个喜气洋洋的大善人型富豪大贾的形象便跃然而出了。

"圆"是处世之道，是妥妥当当处世的锦囊，无论是在商场、官场，还是交友，情爱，都需要掌握"圆世"哲学，才能无往而不利。

真正的"圆世"哲学是大智慧与大容忍的结合体，有勇猛斗士的武力，有沉静蕴慧的平和；真正的"圆世"哲学能承受大喜悦与大悲哀的突然发难；真正的"圆世"哲学行动时干练、迅捷，不为感情所左右；退避时，能审时度势，全身而退，而且抓住最佳机会东山再起。

一代"红顶商人"胡雪岩，正是一个真正懂得"圆世"哲学之人！

胡雪岩本来就不是饱读诗书出身的。因而像孟郊那样"万俗皆走圆，一生犹学方"的心态志向，胡雪岩是绝对不会有，不能有，也不敢有。作为一个学徒的他，假如还有这种闲适高逸的志向，十有八九是要先大吃几年苦头了。

他惟一能行得通的，便是那万俗皆走的一个"圆"字。大家怎么说，我就怎么说；大家怎么做，我就怎么做。体察了人心的喜怒哀乐，顺随了人们的爱憎欲恶，做到了这两点，万事无不可遂，人心无不可得。

都道是方正之士为人称羡，其实世俗人早有了计较。方正之士的品德风范令人肃然起敬，只是他们犹如那庙里的神仙圣人，令世俗中人万分恭敬，但在敬的行为之后，便是"远之"。

比如那嵇鹤龄，本是一个能言善道，足智多谋的人才，却落得了"恃才傲物"，方正不屈不肯哭穷，不谈钱，说起来也的确是一个既有本事又有骨气的人。

好在他遇到了胡雪岩。经不住胡雪岩的上门吊丧，收还典当，安排妻室这一连串抚慰，他心有所感，知恩图报，帮助王有龄出面解了地方农民聚众闹事之围。事后论功行赏，却遇到了麻烦。

地方上一件大案子，或则兵剿，或则河工，或则如漕运由河运改为海运等大事曲张的案子，办妥出奏，照例可以为出力人员请奖，称为"保案"，保有"明保"、"密保"之分，自然是密保值钱。黄抚台给了嵇鹤龄一个明保，胡雪岩一个密保。

胡雪岩闻听此事后，心里也觉得不够公平。他感觉其中一定有鬼，于是经过一番调查，终于弄清了其中原委。原来，黄抚台手下有个文案员，向嵇鹤龄索取两千银子，嵇鹤龄不从，并言说自己没钱，就是有也不去塞这个狗洞。

这种耿介之人，在官场上的确不多了。按照嵇鹤龄的说法，官场中的世态炎凉，他也看厌了，反正世界上决没有饿死人的，此处不留爷，自有留爷处。我在你浙江混不下去了，我回湖北办我的团练去。

事情到了胡雪岩手里，却有了另一番观感。水往低处流，人却是往高处走的。人的性格本来和自然万物的性格有所不同。总不能水取下泄之势，人也不求向上和前进。事情都是人做出来的，不通的总是想办法让它通畅才是。生了疮要医，化了脓得挤。胡雪岩决定帮嵇鹤龄摆平此事。

胡雪岩用的是什么手段？不外是"圆了你的意，开通我生路。"

他用本号的银票，开了两张，一张两千，一张两百，用个封套封好，上写"菲仪"二字，下面具名是"教愚弟嵇鹤龄。"托人递到文案上的陈老爷。不过一个时辰，便有人送来抚署文案委员陈老爷的一张名片，上面有四个字："拜领谢谢！"

于是胡雪岩当夜就通知王有龄去见抚台谈这件事。

结局的顺利和圆满甚至连胡雪岩也感到喜出望外。第二天便有了准信儿，让嵇鹤龄接管海运局。

这就是胡雪岩的圆通之"通"。

回头来想一想嵇鹤龄的名士脾气，正是孟郊"一生犹学方"之方。中国古代文化有对立的两极。一曰"圆而神"，二曰"方以智"。具体到对世俗生活的认同态度上，圆而神和方以智的差别，基本上可以溯源于儒家之人世和道家之出世的分别。但两者又不同。出世与人世之别仅仅是一个开端，而且是大而化之为一个理论学说。真正具体到个体人生品格形象的，当是魏晋以来名士之竹林七贤为最。当方以智成为知识分子对待世俗生活的理想准则后，圆世便成了他们耻以为选的生活态度。圆与滑，与品格不坚、不洁，人格卑下成了同义。以圆为耻成了这个阶层共同的不言而喻的标准。

士大夫阶层本来就是社会的精英和中坚，他们的崇尚和拓斥，无异是给整个社会的风气定了基调。

圆世的态度，实在是一个不在现世吃亏的态度。不过整个文化气氛褒奖方世，贬抑圆世，故而平常人们的言谈中无不以处世行方为荣，以圆滑透熟为耻，一句"我又不像人家会巴结"，绝对能使稍遵守一点方世原则的人大为震怒。

不过，这句话如果用来指涉胡雪岩，看来这种震怒的效果是不会出现的。相反，他可能会很高兴，起码他也要向你投以知遇的一笑。

方世是口碑甚好的准则，圆世又是利害相关的准则。能圆自然不方，只是舆论压力来了，只好跟随着众人取方求圆。这种无甚定见的常人生活，是我们时至今日庸碌无为的唯一原因。

胡雪岩的不同正是在这里。他一生下来就无那么优越的生存条件，与上流相去甚远，对一个钱庄的学徒来讲，高论的遵从与否，无甚利害，无甚压力，既然如此，认准了一条走下去，倒不是很难的事。

圆世能打通关节，自然也能使人转死为活，不怡而怡，皆大欢喜。

胡雪岩押运洋枪，由沪去浙，便遇到了事关旧朋新知以后的出路及彼此间以后关系的事。

本来，在上海购买的这批洋枪，需要松江漕帮协助运到浙江地面。可是人到松江，却发现麻烦极大。松江魏老头子的旧好俞武成，已经和太平军方面的赖汉英接上关系，一切布置停当，只等这批军火从海上起运，一入内河，就动手截留。魏老头子也答应到时有所照应。

胡雪岩一来拜访两面朋友，才知大水冲了龙王庙，情势十分尴尬。

胡雪岩见此光景，颇为不安，心里也在打算：如果俞武成不是他的"同参弟兄"，事情就好办。若是这批军火，不是落到太平军手里，事情也好办。此刻既是投鼠忌器，又不能轻易松手，搞成了软硬都难着力的局面，连他都觉得一时难有善策。

松江魏老头子决定断了与俞武成的交情，帮助胡雪岩渡过这一难关，阻止俞武成动手。到了这种毁约反目的关口，虽事出无奈，却也无可挽回了。胡雪岩却"灵光一闪"，要把这一切下去就会拦腰截断的老交情摆平了，抚圆了，继续维系下去，彼此谁也不伤和气。

胡雪岩的如意妙计，便是搬出俞武成九十岁的老娘俞三婆婆，让她硬压俞武成撒手让步。这也是无奈中的一招，若能说动三婆婆出面干预，俞武成就不敢不依。这么一做，也就不至于使魏师爷过于为难。

然而，那俞三婆婆却是个厉害角色。她在胡雪岩面前装聋作哑，不想帮胡雪岩这个忙。

因为如此，胡雪岩越发不敢大意，要言不烦地叙明来意，一方面表示不愿使松江漕帮为难，开脱了老太爷的窘境，一方面又表示不愿请兵护运，怕跟俞武成发生冲突，伤了江湖的义气。

这番话真如俗语所说"绵里针"，表面极软，骨子里大有讲究。俞三婆婆到底老于江湖，熟悉世面，听胡雪岩说到"不愿请兵护运"这句话，暗地里实为吃惊。话里等于指责俞武成抢劫军械，这是比强盗还重的罪名，认起真来，灭门有余。

面对如此利害关系，俞三婆婆装出气得不得了的样子，回头拄一拄拐杖，厉声吩咐俞少武赶快多派人把他那糊涂老子找回来！

不管她是真的动气，还是有意做作，来客都大感不安，胡雪岩急忙相劝，说这件事怪不得俞大哥！他们也是道听途说，事情还不知道真假，俞大哥不至于敌友不分。他们的来意，是想请三婆婆做主，仰仗俞大哥的威名，保一保平安。

听得这一说，俞三婆婆的脸色和缓了，说此事武成理当效劳。

然而，事情并不是那么简单。俞武成客居异地，手下的兄弟都不在，虽然出头来主持，无非因人或事。上山容易下山难，看来不是凭一句话就可以罢手的。

事情相当麻烦，俞武成为本帮兄弟的生计考虑，急于谋个出路，以致身不由己，受到挟制势若骑虎。萝卜只有吃一节剥一节的，好在最难的一节——和俞武成拉近关系——已经安然走过，已经不虑骑虎的人策虎来追了。胡雪岩接下来要做的就是如何让骑虎的人安然下了虎背。

凭了胡雪岩的脑筋、实力和关系，这一点倒不算太难：伏虎，让恶虎归顺了，一切都迎刃而解。

伏虎无非就是收降。计策似乎无甚高明，仔细想来，也足见胡雪岩的眼光深远。他从一个商人的角度通盘考虑形势，深信太平军只是一时肆虐，于情势，于力量，都不大可能长久。所以胡雪岩在商业上的总原则是帮官军打太平军。天下早一日安宁，商业早一日昌盛。这批军火本来也正是此原则下着手去做的，遇到了麻烦，也正好可以顺着这个思路去考虑解决办法。

可真是一窍通而百窍通了。胡雪岩很快和俞武成及其他谋划劫持军械的江湖头目达成了协议。由胡雪岩报请官府，发给这批人三月粮饷，保证不诱降（不先降后杀），事成后编队移地驻防。胡雪岩还自己先拿出一万银子来补润。

既然生路有了，谁又何苦硬往死路上走？

这件事也见出胡雪岩务求事圆的决心、手段和恒心来。不到山穷水尽之时，决不放弃以平和的方式解决，为了能够达到平和圆满，也决不过于姑息迁就。原则是要有的，见机行事也是很必要。

这是胡雪岩"圆活"之"活"。这是胡雪岩圆融的"融"。总要使各方都感到满意，感到没有羁绊，感到活起来还算有汁有汤，有滋有味儿了，这个"圆"字才算没有白做。胡雪岩的圆世态度，既在通，又在活，还在融，归结在一起，无非是要达到圆满无憾。通是权和变，活是趋向、目际，融是状态，满是结局。人生如此，又有什么事情做不成呢。

2. 谨小慎微防人妒

自古以来"同行相妒"，而妒嫉的力量是很可怕的，人行走商场，最怕非议，最怕树敌，因此还是谨小慎微比较可靠，胡雪岩对这一点深有感触，他说："不招人妒是庸才，可以不招妒而自己做得招妒，那就太傻了。"无论在他的中兴盛加还是末路时期，他都非常注意自身的举动，避免锋芒太露，因别人的嫉妒而受敌。

胡雪岩的不自招妒嫉，是为了不在同行中处于孤立的地位，是一种深刻的眼光。在创业之初，这种眼光就表现出来了。

胡雪岩因资助王有龄而被钱庄扫地出门，王有龄当官后，自然要感恩图报，给胡雪岩创业的机会。

胡雪岩要筹办自己钱庄，其时他实际上还身无分文。不过他已经筹划好了资金的来源，即以王有龄为官场靠山，凭他们的交情承办代理打点道库、县库的过往银两。代理道库、县库，可以用公库的银子来做钱庄的流动资本，而且公家银子不需付利息，这等于是白借本钱。

当然，这样做有一项条件，那就是王有龄必须得一个署理州、县的实缺。当时王有龄刚刚仕途起步，还只是浙江海运局"坐办"，一来他还不具备真正给胡雪岩提供代理公款的条件，二来他自己也确实需要胡雪岩的全力相助，因此，他不同意胡雪岩立即着手开办钱庄。依王有龄的想法，等他真正官场立足之后再着手胡雪岩的钱庄也不迟，反正他们的交情本来就不必瞒人，由当时官场通例，他把官库银子给胡雪岩钱庄"代理"，也是极普通的事情，不怕别人说什么。

胡雪岩不这样看，他认为正因为已经有了代理道库、县库的筹划，所以更应该先立起一个门户来。王有龄此时刚刚得意，外面还不大有人知道，因而也正是一个机会。这时把钱庄办起来，即使内里只是一个空架子，外面也要弄得热热闹闹，这样一旦王有龄放了州县，由自己的钱庄代理公库，公款源源而来，空的自然变成实的。倘若一定等到王有龄放了州县得了实缺再来搭轿子，那时浙江官、商两界都知道有个王有龄，也都知道王、胡之间交情，虽然自己的钱庄能够得到的代理官库的好处是一样的，或许钱庄生意的运作还会更方便些，但外人的看法和说法却会大不相同，人们会说胡雪岩办钱庄是借了王有龄的官场靠山，也会说王有龄是动用公款交胡雪岩办钱庄，营商自肥，如果有人开个"玩笑"，告上一状，那也就真的要"吃不了，兜着走"了。

胡雪岩的意思很明显，就是做事要不落痕迹，不自招妒嫉。他并没有因自己的发迹，得到了宝贵的市场机会就沾沾自喜而不顾别人的感受。事实上，他一直在考虑自己的行为可能招致的影响。所以，创业之始就保持谨小慎微的态度，以免招人嫉妒。

到后来，胡雪岩遭遇到商场的逆境时，就更加注意这一点了。

清朝末叶，西化运动逐渐生根，朝廷特设"总理各国事务衙门"，处理涉外事务。"总理各国事务衙门"，简称"总理衙门"，等于是现在的外交部。不过，总理衙门不管拿主意，算是第二线事务机构，真正与外国官商打交道的第一线衙门有两个，一个是设于天津的直隶总督兼北洋大臣，另一个则是设于南京的两江总督兼南洋大臣。

朝廷派左宗棠到南京，当起南洋大臣。左宗棠目空一切，到了南京就和李鸿章干上，极力铲除李鸿章在江南地区的势力。李鸿章也不好惹，当然也出计谋倒打左宗棠。两雄相争，先斩对方羽翼。毫无疑问，胡雪岩是左宗棠最大的羽翼，也成了整个北洋系最显著的靶子。各种麻烦不打一处来，胡雪岩十分机警，见招拆招，一一应付。就在这个节骨眼上，胡家正赶上办喜事，他家三小姐要出嫁了。

胡雪岩派他亲信姨太太，带着大笔现银赶到上海，采购钻石珠宝，作为女儿嫁妆。这姨太太很能干，在租界里一家德国洋行，买到极为珍贵的一批钻石首饰。

这德国洋行的经理久仰胡雪岩"财神"之名，成交之后提出不情之请，希望姨太太能同意，把这批钻石首饰在店里陈列一个星期，让店里大作广告，说是本店做成财神胡雪岩女儿出阁嫁妆的生意，以收广告之效。

德国经理这份请求，却让胡雪岩姨太太颇伤脑筋，她和胡雪岩在上海的死党兄弟古应春商量此事。一方面，现在外面整个北洋系人马都在等机会，等着找胡雪岩麻烦，胡雪岩好歹是朝廷红顶子命官，在上海滩这样招遥，很容易落人话柄，说胡雪岩铺张招摇，有碍官箴。所以，公开展览首饰并不妥当。可是，要是拒绝要求，自然有话传出去，说是胡雪岩现在不比从前了，财力大为缩水了，连嫁女儿都拿不出像样的首饰，否则为什么不敢拿出来展示？要是真有这种传言，对胡雪岩的信用是一大打击，以后作起生意来，场面就要打折扣。

经过几方面思考，最后姨太太与古应春决定，展览还是展览，不过，既是在德国洋行里，那么，首饰旁边的说明，就以英文、德文表示，不准写中文。这种做法，其实满鸵鸟的，但也不失为折中之道。

商场上确实应该注意尽量不要招嫉。被人嫉妒，会在自己与同行之间造成一种无形的隔阂，生意上携手合作的可能性就会大打折扣。特别是容易使自己在同行同业中处于孤立地位，甚至还有可能使同行联起手来与你作对，这样，你也就会感到处处掣肘，四面支绌，要想获得成功，也就难上加难了。

胡雪岩虽然是富敌王室的东南巨富，有财神之誉，但是，毕竟还是知道忧谗畏机，尽管有部分实力，可是还是知道收敛。这也是中国传统的一部分，尽管清末年代社会风气已经大不如前，但财神姨太太还知道节制。直至今天，这种做法还是具有现实意义的。社会上人们的心理普遍厌恶"露富"的暴发户，行业之内也对那些自恃财人气粗、锋芒必露的企业存在恶感。所以，做为一个中国商人，一定要懂得不自招嫉妒的重要性，像胡雪岩一样，反躬自省，收敛锋芒。

自招妒嫉，其实也就是在为自己树敌。并且由自招妒嫉而树敌，这"敌"比通常意义上的"敌"还可怕，因为他常常隐在暗处，难以对付，表面上嫉妒你的人和你一团和气，暗地里却就是因为嫉妒你而给你下"绊子"，让你知道有对手却不知道对手在哪里，等你找到对手之后，也许你精心筹划开创的事业已经付之东流了。所以，一个精明的商人，虽然知道遭人妒嫉常常是免不了的，但决不自招妒嫉。

3. "坏人"叫别人去做

作为交换条件，胡雪岩答应给蒋益澧 10 万银子，以便让蒋约束自己的军队，不要扰民。随后，胡雪岩问蒋益澧："芗翁的粮台在哪里？"

"浙江的总粮台，跟着左大帅在余杭；我有个小粮台在瓶窑。"

"那末，藩库呢？"

"藩库？"蒋益澧笑道，"藩司衙门都还不知道在不在，哪里谈得到藩库？"

"藩库掌一省的收支，顶顶要紧，要尽快恢复起来。藩库的牌子一挂出去，自有解款的人上门。不然，就好像俗语说，'提着猪头，寻不着庙门'。岂不耽误库收？"

蒋益澧也不知道这时候会有什么人来解款，只觉得胡雪岩的忠告极有道理，藩库应该赶快恢复。可是该如何恢复，应派什么人管库办事，却是茫无所知。

于是胡雪岩为他讲解钱庄代理公库的例规与好处。阜康从前代理浙江藩库，如今仍愿效力；不过以前人欠欠人犹待清理，为了划清界限起见，他想另立一爿钱庄，叫做"阜丰"。

"阜丰就是阜康，不过多挂一块招牌。外面有区分，内部是一样的，叫阜丰，叫阜康都可以。芗翁！"胡雪岩说，"我这样做法，完全是为了公家。阜康收进旧欠，解交阜丰，也就是解交芗翁。至于以前藩库欠人家的，看情形该付的付，该缓的缓，急公缓私，岂非大有伸缩的余地？"

"好，好！准定委托雪翁。"蒋益澧大为欣喜，"阜丰也好，阜康也好，我只认雪翁。"

"既蒙委任，我一定尽心尽力。"胡雪岩略停一下又说，"应该解缴的十万银子，我去筹划。看目前在杭州能凑多少现银，不足之数归我垫。为了省事，我想划一笔账，这一来粮台、藩库彼此方便。"

"这，这笔账怎么划法？"

"是这样，譬如说现在能凑出一半现银，我就先解了上来；另外一半，我打一张票子交到粮台，随时可以在我上海的阜丰兑现。倘或交通不便，一时不能去提现，那也不要紧，阜丰代理藩库，一切代垫，就等于缴了现银；藩库跟粮台划一笔账就可以了。垫多少扣多少，按月结账。"

听他说得头头是道，蒋益澧只觉得振振有词，到底这笔帐怎么算，还得要细想一想，才能明白。

想是想明白了，却有疑问："藩库的收入呢？是不是先还你的垫款？"

"这怎么可以？"胡雪岩的身子蓦然往后一仰，靠在椅背上，不断摇头，似乎觉得他所问的这句话，太出乎常情似的。

光是这一个动作，就使得蒋益澧死心塌地了。他觉得胡雪岩不但诚实，而且心好，真能拿别人的利害当自己的祸福。不过太好了反不易使人相信，他深信是自己有所误会，还是问清楚的好。

"雪翁，"他很谨慎地措词，"你的意思是，在你开给粮台的银票数目之内，你替藩库代垫，就算是你陆续兑现。至于藩库的收入，你还是照缴。是不是这话？"

"是！就是这话。"胡雪岩紧接着说，"哪怕划账已经清楚了，阜丰既然代理浙江藩库，当然要顾浙江藩司的面子，还是照垫不误。"

这一下，蒋益澧不但倾倒，简直有些感激了，拱拱手说："一切仰仗雪翁，就请宝号代理藩库，要不要备公事给老兄？""芗翁是朝廷的监司大员，说出一句话，自然算数，有没有公事，在我都是无所谓的。不过为了取信于人，阜丰代理藩库，要请一张告示。"

"那方便得很！我马上叫他们办。"

"我也马上叫他们连夜预备，明天就拿告示贴出去。不过，"胡雪岩略略放低了声音，"什么款该付，什么款不该付，实在不该付，阜丰听命而行。请芗翁给个暗号，以便遵循。"

"给个暗号？"蒋益澧搔搔头，显得很为难似的。这倒是小张比他内行了，"大人！"他是"做此官，行此礼"，将"大人"二字叫得非常自然；等蒋益澧转脸相看时，他才又往下说，"做当家人很难，有时候要粮与饷，明知道不能给，却又不便驳，只好批示照发，粮台上也当然遵办。但实在无银无饷，就只好做罢。胡观察的意思，就是怕大人为难，先约定暗号，知道了大人的意思，就好想办法敷衍了。"

"啊，啊！"蒋益澧恍然大悟，"我懂了。我一直就为这件事伤脑筋。都是出生入死的老弟兄，何况是欠了他们的饷。你说，拿了'印领'来叫我批，我好不批照发吗？批归批，粮台上受得了、受不了，又是另外一回事。结果呢，往往该给的没有给，不该给的，倒领了去了。粮台不知有多少回跟我诉苦，甚至跳脚。我亦无可奈何。现在有这样一个'好人'我做，'坏人'别人去做的办法，那是太好了。该用什么暗号，清雪翁吩咐。"

"不敢当！"胡雪岩答道，"暗号要常常变换，才不会让人识透。现在我先定个简单的办法，芗翁具衔只批一个'澧'字，阜丰全数照付；写台甫'益澧'二字，付一半；若是尊姓大名一起写在上头，就是'不准'的意思，阜丰自会想办法搪塞。"

"那太好了！"蒋益澧拍着手说，"'听君一席话，胜做十年官。'"

当官总要得罪人，把某些得罪人的事交给下属去做，是狡猾的上司经常采用的手段，商人出身、读书不多的胡雪岩居然深谙此道，这正是胡雪岩的狡猾之处。

俗话说：一个敌人一赌墙。得罪了人，往往就会被人所恨，一旦有机会，别人就有可能来报复你。因此，聪明的人从来不会去直接得罪人。

4. 为人最要紧的是收得结果

结果是一个人言行的明证，它反映一个人品质、能力与素质。所以胡雪岩十分注重从结果上去反省自己，他说："为人最要紧的是收得结果，一直说话算数，到临了失一回信用，自己就完了。"由此看出，胡雪岩是十分看重事情的结果的。

左宗棠西征结束回到朝廷入军机，以大学士管兵部，受醇亲王之托整顿旗营，特地保荐新疆总兵王德榜教练火器、健锐两营。此时左宗棠又受朝廷委派筹办南洋防务，为加强实力，已派王德榜出京到湖南招募兵勇。预计招募六千人马，需要有至少四千支火枪。同时，招募来的新兵粮饷虽说有户部划拨，但首先就要有的一笔开拨费总是不能少的，略略一算就是二十五万。左宗棠西征时，在上海设了一个粮草转运局，由胡雪岩代领转运局的事务。这一个转运局，直到左宗棠西征结束回到朝廷，也并没有撤消。这个时候，左宗棠自然又要想到胡雪岩。

胡雪岩虽然答应下这两件事情，但实际做起来却很有些棘手。棘手之处首先还是一个钱字。左宗棠此前为粤闽协赈已经要求胡雪岩拨给二十万现银，如今又加了二十五万，同时，转运局存有的洋枪只有两千五百支，所缺之数要现买。按当时价格，每支纹银十八两，加上水脚，一千五百支需银三千两。几笔加起来，已近五十万两之多。若在平时，这五十万两银子对于胡雪岩也许并不是特别的为难，但现在情况已经大不相同了。其一，由于中法纠纷，上海市面已经极其萧条，加之胡雪岩为控制生丝市场投入两千万用于囤积生丝，致使阜康钱庄也是银根极紧，难于有能够调动的头寸。其二，李鸿章为了排挤左宗棠，不让他在东南插足，已经定计在上海搞掉胡雪岩，授意上海道台卡下各省解往上海的协饷。这一部分协饷，原是用来归还胡雪岩为左宗棠经手的最后一笔洋行贷款的。这一笔洋行贷款的第一期五十万还款期限已经到了。

境况如此不好，本来胡雪岩可以向左宗棠坦白陈述这些难处，求得他的谅解，即使推脱不了这两件事，至少也可以获准暂缓办理。但他却不愿意这样做。他知道左宗棠虽然入了军机，但事实上已经老迈年高，且衰病侵寻，在朝廷理事的时日不会太多，自己为他办事也许这是最后一次。自结识左宗棠之后，他在左宗棠面前说话从来没有打过折扣，因而也深得左宗棠的信任。他不能让人觉得左宗棠已经没有什么可以仰仗了，自己也就可以不为他办事了。更重要的是。为人最要紧的是收得结果，一生讲究信用，为自己创下牌子，最后为一件事就把牌子砸了，实在是不划算，自己也决不甘心。胡雪岩在对左宗棠的态度上，至少有两点很可以让我们感佩：

第一，决不用完就扔，过河拆桥。胡雪岩结识左宗棠，从他作为一个生意人来说，他是将左宗棠作为可以利用、依靠的官场靠山来"使用"的，他也确实从这座靠山得利多多。但是，他也决不仅仅只是将左宗棠作为能靠就靠，靠不住了就弃之他投的单纯的靠山，因而即使自己已经处于极其艰难的境地，他也要完成左宗棠交办的事情。从个人品德上来说，这不能不让人感佩。

第二，维持信用，始终如一。他决不愿意一生注重信用而到最后为一件事使这信用付之东流，因此，即使到了真正是勉力支撑，而且岌岌可危的时候，宁可支撑到最后一败涂地，也要保持自己的信誉、形象。

无论是从做人的角度看，还是从做生意的角度看，这两点其实都非常重要。一个生意人的信用，既要看他在某一桩具体生意运作过程中的守信程度，更要看他一贯的信誉状况，生意人的信誉形象是由他一贯守信建立起来的。而且建立信誉形象难而破坏信誉形象易，一次的信用危机，足以使用一辈子的努力建立起来的信誉形象彻底坍塌。这是任何一个生意人都不能不时刻注意的。

生意上的信用，其实来自生意人的信义，一个对别人用完就扔，过河拆桥的人，决没有信义可言，人们也决不会相信这样的人会有信用。正所谓"无论做人还是做事，都要善始善终，方能从从容容在江湖上行走，广交天下朋友，助己成就一番伟业。"

5. 得饶人处且饶人

胡雪岩在经营过程中，是非常注重"面子"的作用的。同样，他也十分注意维护别人的面子。他认为，大家的关系是要每个人共同精诚合作形成的，一个人的信誉破坏了，对大家都不利。所以他坚持"得饶人处且饶人"。

胡雪岩出道甫初，就显出这种气度。王有龄用胡雪岩捐助的五百两银子捐官成功后，回到杭州，得知胡雪岩为此丢了饭碗，落拓不堪，他当时就要还上信和钱庄的五百两银子，为胡雪岩洗刷恶名。他弄清了借据的内容，利息算法，立即就在海运局支出六百两银子，要去了这笔账。他穿上官服，吩咐跟班备轿，让人准备鸣锣喝道，要和胡雪岩一同前往。按他的想法，自然是要以自己的威风，为胡雪岩扬一扬名，顺便也替他出一口恶气。

　　但胡雪岩却拒绝了。他并没有得理不饶人，而是设身处地地为别人想一想。他不去的理由很简单，信和钱庄的"大伙"就是当初将他开除出信和的张胖子。如果此时他和王有龄一同前往，势必让张胖子非常尴尬，大失面子。而如此张扬而去，传扬开来，张胖子在同行、在东家面前的面子也没有了。这是胡雪岩不愿意的事情。他不仅不与王有龄同去。而且还叮嘱王有龄捧信和几句，也不要告诉他们他已经见到了胡雪岩。这使王有龄对他的做法不禁赞叹道：

　　"此人居心仁厚，至少手段漂亮。换了另一个人，象这样可以扬眉吐气的机会，岂肯轻易放弃？而他居然愿意委屈自己，保全别人的面子，好宽的度量！"

　　王有龄理解了胡雪岩的用心，单独去还这笔借款时，也做得漂亮。他特意换上便服，也不要鸣锣开道，且将官轿换成一顶小轿到了信和。由于信和当初就将这笔五百两银子的款子当作一笔收不回来的死账，因此他们也没把胡雪岩代王有龄写的借据当一回事，不知随便扔到哪里去了，此时王有龄来还钱，居然遍找不到。当钱庄张胖子将此情况据实相告之后，王有龄不仅没有为难他，而且二话没说，拿出该还的连本带息 550 两银子，只要求对方写一个已经还清的笔据，至于原来的借据，以后找到，销毁就是了。

　　这一出了清旧账的戏确实"演"得漂亮。正象王有龄所想的那样，胡雪岩本来就受了冤枉，且不仅为此丢了面子，而且丢了饭碗以至落魄潦倒到给人打零工维持生计。现在终于可以为自己洗刷恶名，换上一个人，大约真的不会肯白白放过这次为自己挣回面子、让自己扬眉吐气一回的机会。但胡雪岩首先想到的，却是如何保全别人的面子，难怪王有龄会打心眼里佩服他："好宽的度量！"

　　在对待吃里扒外的朱福年时，胡雪岩还是牢牢记住"饶人一条路，伤人一堵墙"的道理，使这件事处理得极为漂亮。

朱福年做事不地道，不仅在胡雪岩与庞二联手销洋庄的事情上作梗，还拿了东家的银子"做小货"，他的"东家"庞二自然不能容忍。依庞二的想法，他是一定要彻底查清朱福年的问题，狠狠整他一下然后让他滚蛋。但胡雪岩觉得不妥。胡雪岩说，一发现这个人不对头，就彻底清查之后请他走人，这是普通人的做法。最好是不下手则已，一下手就叫他晓得厉害，心生佩服。要像诸葛亮"七擒孟获"那样使人心服口服。"'火烧藤甲兵'不足为奇，要烧得他服帖，死心踏地替你出力，才算本事。"胡雪岩的做法是：先通过关系，摸清了朱福年自开户头、将丝行的资金划拨"做小货"的底细，然后再到丝行看账，在账目上点出朱福年的漏洞。然而他也只是点到为止，不点破朱福年"做小货"的真相，也不再深究，让朱福年感到自己似乎已经被抓到了"把柄"但又莫名实情。同时，他还给出时间，让朱福年检点账目，弥补过失，等于有意放他一条生路。最后，则明确告诉朱福年，只要尽力，他仍然会得到重用。这一下朱福年真就感慨不尽，彻底服贴了。

胡雪岩的做法，确实十分高明也十分有效。俗话说，人怕破脸，树怕剥皮。人做了坏事，既已被老板揭穿，虽然不给处罚，他也心存感激，但终归落下痕迹而无法相处。如此一来，自然无法再做下去。从这个角度看，既然还当他是个人才，同时还有不能请他走路了事的原因，那还不如为他留下面子，同时又让他心存感激，这样既达到堵漏补缺的目的，又还等于救下了一个人，于己于人，都善莫大焉。

商场上保全别人的面子，也是在保全自己的面子。其实，如果胡雪岩在还钱时真象王有龄起先准备的那样，为了自己的扬眉吐气而使张胖子下不了台，别的不说，他至少不会让王有龄看到他的居心仁厚和"好宽的度量"。更重要的，为别人留一条退路，也是为自己开一条出路，所谓"饶人一条路，伤人一堵墙"，说的就是这个道理。别的不说，这一次为张胖子保全了面子，就使张胖子对胡雪岩不胜佩服之至，在其后胡雪岩创业过程中，真心实意以自己掌管的钱庄的力量，为胡雪岩解决了不少的难题，比如为海运局垫付漕米款项，比如出面为漕帮做保向"三大"钱庄借款以使漕帮度过难关等。

归根结底，胡雪岩不凡的气度及笼络人才的手腕，都归因于他有超过常人的度量。有了这样的度量，才能处处超过常人，不结怨仇，反收人心。所以，回顾胡雪岩的成功历程，气量实在是一个不可轻视的因素。

人不可每时每刻都一帆风顺，总有需要别人帮忙的时候。保全别人的面子，其实也是在保全自己的面子。给别人留一条退路，其实也是在为自己留一条出路。

6. 吃亏也是占便宜

陶朱公是先秦著名的大商人。凡"富者皆称陶朱公"，表明他是被作为大商人的典范看待的。在先秦以来的二千余年封建社会中，陶朱公的名字一直被商人艳羡和称道。直到近代社会，在从事商业贸易活动的人们中仍然流传着"陶朱事业，端木生涯"，"经营不让陶朱富，货殖何妨子贡贤"的说法，可见陶朱公在商人心目中的地位。

陶朱公在商业经营活动中运用了一套理论知识作为指导，这就是所谓"计然之策"，也即胡雪岩的"手面"、"手法"，它包括两部分内容。一部分被称为"治国之道"，讲的是封建国家管理粮食市场的办法，另一部分称为"积著之理"，讲的是私人经商致富的学问。

陶朱公的积著之理有一原则，这就是："论其有余不足，则知贵贱。贵上极则反贱，贱下极则反贵。贵出如粪土，贱取如珠玉。"

这一段讲的是货物价格与市场供需之间的关系。在需求稳定的情况下货物价格与供给量成反比，反之供给过多，价格就会下跌，反之就会上升。价格的涨落有一定限度，上涨到一定程度，必然因需求的饱和而下跌；相反，下跌到一定程度，也必然会出现反弹。所以，"贵上极则反贱，贱下极则反贵。"这是商品交换中的最基本规律。

对于一个商人来说，掌握了这个规律，就要为自己的商业活动服务，不要被市场表面的繁荣或萧条所迷惑，而要观时察变，在市场接近饱和时抛出，而且要毫不留情。这时的商品越贵，越要及时处置，不能犹豫。反之，在商品价格接近低谷时，要大量购入。抛售和购买时的基本原则，就是"贵出如粪土，贱取如珠玉"。

但是胡雪岩对陶朱公积著之理却做了进一步的发展，他说："世上随便什么事，都有两面，这一面占了便宜，那一面吃亏。做生意更是如此，买卖双方，一进一出，天生是敌对的，有时候买进便宜，有时候卖出便宜，涨到差不多了，卖出；跌到差不了，买进。这就是两面占便宜。"

这一方面，胡雪岩在知贵贱的基础上，点明了做生意的人的到家之处，就是要利用这一点，两面取利，并把它视作"会做生意"和一般的平平庸庸做生意二者之间相区别的一个标准。一般做生意的人，贵出贱取，趋利避害，而在胡雪岩的"会做"，更要出也获利，取也沾益，做到了这一点，生意才算做到了家。

另一方面，胡雪岩把生意的两面推及世事，认为世上无论什么事，都有两面。在现实生活中，免不了在这一面占便宜，在另一面吃亏的。但是在胡雪岩看来，这个"亏"要看你怎么吃。如果是胡雪岩，他会认为现实中吃的亏都是便宜，因为你顺便放给别人了一个人情，而人情总是有机会可以回报的。所以胡雪岩每临到需要"放血"之事，绝不会事情到半路而沮丧罢手，也就是说，不会做"半吊子"的事。

在现实生活中，落水的狗人们一般是不痛打的，占别人的便宜需要同时准备着答应别人的要求，这就是事情两面性的表现，前提是狗以丢脸（丧失辱荣）换取退路，这时候最好的办法是懂得做顺水人情，先彻底满足了对方的要求，才能化已经吃亏的情势为有可能带来回报的情势。这就是胡雪岩所说的，做人一定要漂亮，不能做"半吊子"。

何谓"半吊子"？半吊子就是只能占便宜而吃不了亏的人。因为吃不了亏，就把吃亏看得甚重，一旦发觉自己吃亏，就看不到了吃亏的另一面，不知道吃亏同时意味着"便宜"。自然，这便宜不是面儿上的，而是需要经过转化。只是，现实中的人功利心太强，套一句京白俗语，就是显得有点"急吼吼"。既然不是立马能回报，这亏一吃起来就钻心痛。一有这情状，完了，言语表情不自然尚在其次，还总要当下做出一些事，挽回一些损失来。就好比前几年谈女朋友的小青年，一看女朋友不能再谈下去了，心里就犯嘀咕，自己在她身上的"投入"太多，得要她还回来。或者是，还不回来不要紧，总得白占一点便宜。

　　这样的做事便是不地道，用胡雪岩的话，就是做人不漂亮。

　　胡雪岩把爱妾阿巧赠送给何桂清，其间经历的情感波折甚多。阿巧可以说是和胡雪岩在生活上最相知心的一个女人，但遇到了何桂清，何对阿巧艳羡有加，阿巧心思也有所动。这时的胡雪岩，只得抛开情感，单就厉害来反复考虑，最后他想开了，想通了，只当没遇到过阿巧，只当她香消玉殒了，只当她自己彻底变心了，总而言之一句话："君子成人之美！"

　　虽说如此，在阿巧还是新情不定，旧情不忘，胡雪岩亦免不了仍有夜半惊梦，作幡然变计之想的。如果胡雪岩这时真的这么做了，在情感上没有什么站不住脚的，只是在做人上恐怕就马上要大大地打上一个折扣。吃亏也要吃到底，这种抉择，真是要强人所难了。可是，吃亏只吃到一半儿，完整的便宜肯定是已经拣不回来了，至多是挽回一些损失。只是，挽回的若是不伤和气的损失，另当别论。假定是别人已经见情，正在占去的那一部分，那简直成了损害别人的利益，这时候如果还要强去挖，别人见情的事变成了扫兴事，自己只会得不偿失。

　　所以，既送佛，就送到西天，这才是真的"会"吃亏，结果就是会占便宜。生意人的心思犹如光棍的心眼麻布的筋，把吃亏看作投资，就什么事都解决了。

　　由上可以归纳出一个一般性的方法，即要想两面占便宜就必须学会吃亏，善于吃亏。

　　世界上的事，不可能只有便宜而不吃亏那样的好事。因此，聪明人都是那些善于吃小亏的人，因为他们知道，不吃小亏是很难占到大便宜，吃了小亏，付出很少，但收益和回报却很大，这样的事何乐而不为。

7. 做生意不可抱残守缺

胡雪岩借助身边的专业人才为自己开拓财源，不死守自己熟悉的行当，说到底，也就是不断为自己寻找新的投资方向，不断扩大自己的投资经营范围。一个生意人如果只看到自己正在经营的熟悉的行当，最终只会是抱残守缺，连正在经营的行当都不一定经营得好，更不用说为自己广开财源了。

由弱而强者必须先干成一、两件事，才能干成无数件事。有人曾对胡雪岩由衷赞叹："小爷叔的眼光，才真叫眼光！看到大乱以后了。"这位眼界极高的人如此赞佩胡雪岩，是因为胡雪岩在做成第一桩销洋庄的生丝生意之后，立即就想到要开始投资两桩在乱世之中和乱世之后，都必须给他带来滚滚财源的事业。这两桩事业，一桩是开药店，另一桩是典当业。

胡雪岩想到投资典当业，自然与他对于他那个时代五行八作的生意行当的了解有关。战乱频繁、饥荒不断的年代，居于城市之中的人，不要说那些日入日食的穷家小户，即使稍稍殷实一些的人家，也会不时陷于困窘之中，急难之时，常要借典当以渡急难，以致典当业遍布所有市镇商埠。据《旧京琐记》，清同治、光绪年间仅京城就有"质铺（当铺）凡百余家"。以胡雪岩眼界的开阔，他不会看不到这是一个可为的行当。事实上，胡雪岩早就动过开当铺的念头。不过，真正促使胡雪岩要把典当业当作一项事业来做并付诸实施的直接原因，是他与朱福年的几番交谈。

朱福年在庞二上海丝行中做"档手"，胡雪岩在联合庞二销洋庄过程中收服了他。这朱福年原籍徽州。中国历史上，典当业的管家，即旧时被称作"朝奉"的，几乎都是徽州人，朱福年的一个叔叔就是朝奉，他自然熟悉典当业。胡雪岩从朱福年那里知道了许多有关典当业的运作方式、行规等知识，还知道了典当业其实是一个很让人羡慕的行当，比如朱福年就叹息不知道自己当年没有入了典当业而吃了丝行的饭，是不是一种失策，因为"吃典当饭"的确与众不同，是三百六十行中最舒服的一行。

与朱福年的交谈坚定了胡雪岩投资典当业的想法，他让朱福年替自己留心典当业方面的人才，而自己一回杭州，就在杭州城里开设了自己的第一家当铺"公济典"。其后不几年，他的当铺发展到23家，开设范围涉及杭州、江苏、湖北、湖南等华中、华东大部分省份。

胡雪岩开办典当业，当然绝不是因为"吃典当饭"舒服。以胡雪岩说出来的理由，是"钱庄是有钱人的当铺，当铺是穷人的钱庄"，他开当铺是为了方便穷人的急难。事实上，说是这样说，天下又哪有不赚钱的典当？算算账就可以知道，胡雪岩的当铺，即使真的并不全为赚钱，也绝对有不小的进项。

当铺的资本称为"架本"，按惯例不用银数而以钱数的计算。1000文准银一两，1万千文即相当1万两银子。一般的典当业，架本少则5万千文，大则可至20万千文。胡雪岩开在各地的当铺，规模当然有大有小，平均以10万千文计算，23家当铺仅架本就达23万两银子，而如果以"架货"折价，架本至少要加一倍。这样，胡雪岩的23家当铺，架本至少也是45万。45万架本以一月周转一次，生息一分计算，一个月就可以净赚45000两银子，一年就有54万。而当铺架本周转一次，绝对不止于一分息的利润，《旧京琐记》就谈到，"当铺取息率至少在二分以上，巨值者亦得议减"。就连古应春在算了这笔账之后也对胡雪岩说："小爷叔叫我别样生意都不必做，光是经营这23家典当好了。"而胡雪岩自己也清楚地知道，他能将典当业经营好了，就可以让自己的生意立于不败之地。

典当业其实是胡雪岩为自己找到的一条新的能够赚钱的投资渠道。不必多说，像胡雪岩一样生意做得灵活，不抱守残缺，始终向前看，不断寻找新的投资方向，不错过任何一个投资机会，并能根据具体情况当机立断做出决策，确实是真正有大作为生意人的"真眼光"。

第三章　胡雪岩的交际智慧

1. 做生意不能没有靠山

对于商人而言，胡雪岩生活的时代是特殊的。胡雪岩时代的特殊就特殊在旧制受到冲击，洋人叩打大门，社会发生变乱。

胡雪岩时代的旧制十分影响商人的发展。因为在封建社会，商人在社会中处于最末流，士农工商的次序十分明显。这种体制下官吏对商人的危害十分大，一个极小的守门吏都可以以其职务特权随便搅乱一个小商贩的生意。较大的官吏情况更严重，他可以以各种貌似合理的理由强行征税，或者宣布该贸易为不合法。

面对这样一种情况，商人要想把生意经营下去，必须想出合适的策略。一般来说，商人会设法避开官吏，但这是一种消极的策略。所以就有商人设法与官吏阶层沟通，以争取他们的保护。很明显，所争取的官吏职位越大，能给商人提供的活动范围就越大。胡雪岩就采取了这样的策略。中国封建官僚制度发育周期甚长，内部形成了一整套完备的升迁制度与习惯。尤其是在不成文的习惯部分，托庇大官僚而使自己升迁顺利，已经是一件世人非常熟悉的事情。所谓"官官相护"，或者所谓"朝中有人好做官"，就讲的是这一习惯。胡雪岩长期做跑街，与一帮挖空心思捐班升官的人打交道，逐渐熟悉了这一套习惯。他很明白，有一个坚强的后盾，就意味着有更多的机会和更少的风险。

当胡雪岩遇到王有龄时，听说他要捐班盐大使，胡雪岩便感觉到机会来了。他利用收款的机会，为王有龄筹措了五百两银子，资助他进京拜官。

王有龄因为胡雪岩这一帮助，得了机会补了实缺。知恩报恩，胡雪岩得以借机有了自己的钱庄。随后，因为有了王有龄这个官声很好、升迁很快的后台，胡雪岩发现自己面前突然铺开了一个新世界。粮食的购办与转运、地方团练经费与军火费用、地方厘捐、丝业，各个方面的钱都往胡雪岩所办的钱庄流了进来。

胡雪岩有了这一经验，回头反思，便很快明白了在那个特殊时代商业要想大发展的因应之道：寻找官场的保护。

要寻找保护的办法很多，首先是继续帮助有希望有前途的人。在这一点上，对于王有龄绝对适用。家中如何用度、个人是寒是暖、上司如何打点，都在胡雪岩的帮助行列。随后是何桂清。因为有了王有龄的例子，胡雪岩对何桂清更是不惜血本。为了他的升迁，胡雪岩一次可以放出一万五千两银子；为了他的欢心，也为了日后自己的商业发展，胡雪岩还忍痛把自己的爱妾转赠于他。

胡雪岩明白，办团练，漕米改海运，征厘捐、购军火，借师助剿，所有这些应时之办法，虽然是在代他人操劳，但能帮助这些人得到朝廷赏识，巩固其地位。有了这些人的稳固，自己的商业势力也就有增无减了。

何桂清在苏浙之日，为朝廷出力甚勤，所以在这一带的影响日盛。因为这个缘故，胡雪岩的点子有了市场，他的生意也有了依托。

他个人在经营中逐渐冲破了先前的钱庄的经营观念，开始在官府为后盾的前提下向外扩张。这一扩张预示了胡雪岩在商业上必将称霸东南半壁江山。此时的胡雪岩，因为尝到了在官僚阶层中扩充势力的甜头，他是再也不会回到旧有的经营观念中去了。

何王集团土崩瓦解之前，胡雪岩已经开始在为自己寻找新的商业保护人。这一次的寻找是有意识的，当然也是对时局的迁就，但这一次迁就让他遇到了一位世纪人物——左宗棠。左宗棠在位之时，胡雪岩为他筹粮筹饷、购置枪枝弹药、购买西式大炮、购运机器、兴办船厂、筹借洋款。这些事耗去了胡雪岩大部分精力，但是胡雪岩乐此不疲。第一是因为这些事本身就是商事，可以从中赢利；第二是因为左宗棠必须有了这些东西，才能安心平捻剿回，兴办洋务，成就功名大业。左宗棠是个英才，左宗棠事业日隆，声名日响，他在朝廷中的地位日益巩固，胡雪岩就愈加踏实。胡雪岩原来之所以仰赖官府，就是为了减少风险，增加安全。现在有了左宗棠这样一位大员作后盾，有了朝廷赏戴的红顶，赏穿的黄褂，天下人莫不视胡雪岩为一等一的商人，莫不视胡雪岩的阜康招牌为一等一的金字招牌。胡雪岩也敢放心地一次吸存上百万的巨款，也可以非常硬气地与洋人抗衡。任何一个以本业为主，不能上传下达的商人都不敢像他这么做。

因此，在胡雪岩经营的整个过程中，官场是胡雪岩"公关"的首选目标。只要与官沾边，无论是候补的，还是在任的，胡雪岩都毫不含糊地去下功夫。汪康年《庄谐选录》记载："胡后为某钱店司会计，有李中丞者，时以某官候补于浙，落拓不得志，一日诣其店，众慢不为礼，胡独殷勤备至，且假以私财，某感之，誓有以报。迨后场历封疆，开府浙江，甫到任，即下檄各县曰：'凡解粮饷者和由胡某汇兑，否则不纳'。众微知其由，于是钱粮上兑，无不托诸胡，胡遂以是致富。"书中所载情形倒像胡雪岩资助王有龄的事，在众人对王有龄投以冷眼之际，胡雪岩独报以殷勤礼节，并冒着丢饭碗的风险，擅作主张，动用东家的大笔银两相资助，表现出相当的政治远见。在王有龄这边，遇胡雪岩如大旱逢甘雨，他对胡的"慧眼识俊杰"自然念念不忘。后来，王有龄以粮台积功报知府，旋补杭州，不出几年，升浙江巡抚，胡雪岩先前的人情投资便得到难以计数的回报，还博得了"东南大侠"的美誉。

除了巴结王有龄、左宗棠，胡雪岩还通过钱庄业务与京中大文煜等人接上了关系。当然，多一个朋友多一条路，对于官阶和名气小的胥吏僚属辈以及士大夫文人，胡雪岩也极力拉拢。李慈铭《越缦堂日记》说他"时出微利以饵杭士大夫。杭士大夫尊之如父，有翰林而称门生者"。胡的曾孙胡亚光在《安定遗闻》中记述："有贵人王军门献玉屏风一座，值千金以上，置厅，事仆失手坏之，时大亨宾客莫不震惊，而公竟面不改容，反曲意慰仆不置"。说的是其曾祖宽厚待人，但我们却可以从这条史料中了解到胡雪岩与军门一级的官员有礼品往来，彼酬此酢，而贵人、大亨就是他的座上宾。

事实证明，胡雪岩为结交官府所做的努力是绝对值得的投资。他后来所获得的巨大财富，绝大多数是倚靠官府而来的。在官本位的晚清社会，有了官员做靠山，胡雪岩转粮购枪、借款拨饷无一不可放大胆子堂而皇之地去做，即以十一之利计之，由此而聚集的财富也是一般商贾所不能望其项背的。当然，官、商合流违背政治原则和社会道德，而且倚官为势终究不稳定，肥缺人人想占，这就构成官场上的勾心斗角，政情一动荡，靠山就难保，胡雪岩后来衰败，来自官场的因素应是重要原因之一。

　　胡雪岩在人们心目中，其最大特点就是"官商"，也就是人们说的"红顶商人"这"红顶"很具象征意义，因为它是朝廷赏发的。戴上它，意味着胡雪岩受到了皇帝的恩宠。事实上，它意味着皇帝肯定了胡雪岩所从事的商业活动的合法性。既然皇帝是至高无上的，皇帝所保护的人自然也不应受到掣阻。换一层面来讲，皇帝的至高无上也保证了被保护人的信誉。所以王公大臣才能很放心地把大把银子存入阜康钱庄。

　　胡雪岩就是凭着这"红顶"，积累了万贯家资，红极一时，富甲一方。然而客观地说，胡雪岩背后有着强大的官场力量，而这才是财富的真正来源。胡氏以其睿智的眼光，发现了"大树底下好乘凉"的客观规律，从而一生致力于培植自己的官场靠山，踩着官场的阶梯，登上财富的高峰。

　　荀子云：登高而招，臂非加长也，而见者多；顺风而呼，声非加疾也，而闻者远。这句话形象地说明了借取外界力量的重要。任何个人的力量都是有限的，只有通过充分借取外界力量，并在经营上下功夫，个人才有可能获得自己事业的巨大成功。

2. 以情义结交朋友

　　胡雪岩的一生可以说是辉煌绮丽，他生逢乱世、出身卑微，却能走用自己的才智，周旋于权贵政要之间，创造了亿万家财，这一切和他的性格、智慧是密不可分的，然而他的成功和他在择友上的慧眼独具也有很大关系。

　　在胡雪岩生活的时代，做生意必然要面对一股特殊的势力，就是江湖帮派。晚清乱世，政府处于内忧外患之中，对社会的监管力大不如前江湖帮派也就随着社会的混乱而形成，并逐渐成为社会生活中的一股重要力量。在当时，要经商，就必须与江湖势力打交道。胡雪岩更是深谙其道，他结交漕帮魏五就是一例。

漕帮控制水路运输，江浙一带是清朝产粮重地，粮食运往北方的一个重要途径就是水路。王有龄上任"海运局"坐办，统管浙江一省的粮食北运，这时上面要求从上海迅速海运至京。

时间紧迫。漕米一时到不了上海，胡雪岩想出了一条妙计，就是先在上海买商米代替，等漕米运到上海归垫，即由粮商先卖出、再买进。

胡雪岩随王有龄一路坐船北上上海，到了松江，听说松江漕帮已有十万石米想脱价求现，于是他们商议弃舟登岸，由胡雪岩出面谈定这桩生意。

胡雪岩经过多方打听，大概了解了漕帮的情况，松江漕帮中现在主事的姓魏，行五，人称"魏老五"。胡雪岩很清楚这宗生意不容易做，可一旦做成，浙江粮米上运的任务也就完成了，所以他决定亲自上门拜见魏老五。

胡雪岩在两位朋友张老板和李老板的引领下，来到了魏家。碰巧"魏老五"不在家，家中只有他的老母亲在，胡雪岩仔细观察一下，发觉魏老夫人面露英气，在魏家可能有很大影响力。胡雪岩以后辈之礼拜见，老太太有些倚老卖老似的口中连称"不敢当"，身子却只略微倾了倾，紧接着用一双锐利的眼睛上下打量了胡雪岩一番，胡雪岩决定从魏母着手来突破魏老五。

"不知三位此来，有何见教？"魏老夫人首先发问。

胡雪岩恭恭敬敬地回答道："晚辈的东家一直很仰慕魏老爷子，

此次路过宝地，特地要晚辈来拜见他，并想请魏老爷子去小酌几杯，以表晚辈们的敬意。"

一阵寒暄过后，魏老夫人直率地问胡雪岩此行的真正目的，胡雪岩也就不便再拐弯抹角了，他向魏老夫人详细地说了此行的目的。听完他的话后，魏老夫人缓缓地闭上了眼睛，胡雪岩心里很平静，因为漕帮的反应早在他的意料之中。良久，魏老夫人睁开眼睛，炯炯逼人地看着他，脸上的表情也没有了刚见面时的慈祥，"胡老板，你知不知道漕运改走了海道，这等于是砸我们漕帮的饭碗，至于丰裕卖米一事，我不太清楚，不过在商言商，胡老板有钱买米，丰裕却不肯卖，这于情于理都不太合适，我们漕帮一定会出来说两句公道话的。倘若只是垫一垫，做生意的人，将本求利，自然要敲一敲算盘，此刻我也说不出个所以然来。"

听了魏老夫人的一番话，胡雪岩并没有灰心，相反却更加胸有成竹地大声说道："老前辈，恕我直言。如今战事紧急，朝廷急等着浙米进京，为此已经撤了几个官了，此次如若再误期，朝廷追究下来，我们难脱罪责，我想漕帮也难辞其咎吧！为漕帮弟兄想想，若误在河运，追究下来，全帮兄弟休戚相关，很有可能被打上通匪的罪名，前辈安忍如此？"

江湖中办事，很重情、义二字。胡雪岩巧妙地以"义"相激，正好击中要害，使得魏老夫人不得不仔细思量。

胡雪岩又详尽地给魏老夫人分析了利害之处，魏老夫人终于心中默许，遂叫人将魏老五找了回来。

只见魏老五其人，约莫四十来岁，生得矮小而沉静，但浑身肌肉饱满黝黑，两只眼睛暗含神光，明眼人一看就知道是个厉害的角色。魏老夫人将他引见给胡雪岩和张、李两位老板。魏老五对他们也是非常客气，称胡雪岩为"胡先生"。

魏老夫人说："胡先生可以说是'祖师爷'那里来的人，一副侠义心肠，以后你就称他为'爷叔'吧。"魏老五立即改口，叫道"爷叔"。

"爷叔"是漕帮中人对帮外至交的敬称，漕帮上下都非常尊敬，这还真叫胡雪岩有点受宠若惊，虽然他极力推辞，但魏老夫人向来说一不二，魏老五更是一口一个"爷叔"叫着，其余的人也就齐跟着这样称呼他了。

当晚，胡雪岩将魏老五请到自己的住处，商谈买米一事，见魏老五面露犹豫之色，只是迫于母亲的面子不好讲，所以口头上答应了，心里面却是十二分的不愿意。见此情景，胡雪岩并没有强人所难，买了米就走。他诚恳地问对方是不是有什么难处，并请魏老五直说，否则他就不买这批米了。魏老五见他如此直爽，也就没有什么顾虑了，就把自己心中的隐忧全盘说出。原来自从官粮海运之后，漕帮处境一直很艰难，目前正是缺银少钱的时候。他们急需将这十几万石粮食变现，如今垫付给了海运局，虽有些差额可赚，但将来收回的仍旧是米，所以魏老五很为难。

胡雪岩了解了这一情况后，马上找到钱庄老板张胖子商量，看钱庄能不能等漕帮把退还的米卖掉后再收回现在支付的银两，而不是一退米就急于收回。张胖子对胡雪岩非常信任，言听计从的，二话没说就答应了。

魏老五的难处解决了，他自然非常高兴，同时也极为欣赏胡雪岩的义气，觉得他不像其他商人那样势利。于是买米的事很快就办妥了。

胡雪岩这一次不仅买到了米，还买到了与魏老五的"情"。自此以后。魏老五对胡雪岩是"惟命是从",只要是胡雪岩的货,漕帮绝对是优先运输。所以胡雪岩的货运向来是畅通无阻、往来迅速。不仅如此,魏老五还把他在漕帮了解到的商业信息,及时向胡雪岩报告,使得胡雪岩在第一时间知道了很多商业情报,在商业活动中抢占了先机。

胡雪岩和魏老五成为朋友,一开始固然有利用的成分在内,但当他觉得魏老五是可交的人之后,就立即改变了原来的想法,设身处地来替魏老五着想,终于赢得了魏老五的尊敬,二人也由此成为了至交。商人在交友时都着眼于一个利字,即谁对我有用就和谁交往,而胡雪岩则不然,他一旦发现意气相投就会以心相交,所以总是能够交到知心朋友,而这些朋友反过来又对他一生的成功起了重大作用。

人是一种有感情的动物。要想结交真正的朋友,仅有利益是不够的。只有以心相交,以情义两字当头,才有可能结交到知心的朋友,别人也才会把你当成真正的朋友,从而为你事业的成功奠定坚实的基础。

3. 善于投人所好

自古有"无商不奸"之说,同时也有"无官不贪"、"三年清知府,十万雪花银"的俗语。尤其是在晚清极其腐败的政治制度之下,朝廷的大小官吏大多数都以受贿图利为第一目标。然而,毕竟堂堂国家官员,一般不可能公然摆明了索要,不会明明白白指明了要什么。于是有一些下属资质鲁钝便不明其意,结果办事处处掣肘尚不知是何原因。胡雪岩就非常善于觉察这一点，不必多言，主动献贿，这些是他结交官员的高明之处。

王有龄在胡雪岩的帮助下顺利完成调动漕米的公事。一下子在浙江官场获得能员的称誉，很快就得到署理湖州府的美缺。按惯例他应该既已得州府实缺，就应交卸海运局坐办的差使，但由于调动漕米拉下的亏空一时无法填补，加上还有一些生意上的事务牵涉到海运局，王有龄想暂时兼领海运局坐办。这自然也没有什么不可以的，但要得到抚台的批准。不过，当王有龄向浙江抚台黄宗汉提出这个请求时，黄宗汉却有意卖了个关子，对王有龄的请求只做了一个两可回答，却向他问及阜康钱庄的情况，并提出要请胡雪岩的阜康钱庄为自己代汇一笔一万银子的捐输军饷。王有龄自然爽快答应，说是只要抚台大人招呼，给下钱来即随时汇出。不料王有龄话没说完，黄宗汉便端茶送客，而对于王有龄兼领海运局坐办的事，也置之不理了。

这样一来，倒把王有龄弄了个云山雾罩，不知究理。

还是胡雪岩看得准。这黄宗汉原是一个贪财刻毒、翻脸不认人，一心搜刮银子而不恤下情的小人。浙江前任藩司椿寿，就因为没有理会他四万银子的勒索，被他在漕米解运的事情上狠整了一把，以至生路全失，自杀身亡。胡雪岩告诉王有龄，他在黄宗汉提出代汇捐输军饷的要求时给黄宗汉的回答，是聪明一世，懵懂一时。黄宗汉哪里是要自己借阜康钱庄交汇捐输军饷？他其实是要借海运局的差使，勒索王有龄的银两，而且"盘口"都已开出来了，就是一万两银子。你王有龄不明就里，还在那里大包大揽，说是让他发下银子即刻汇出，你如果不是有意装糊涂，就是愚蠢，他哪里还会理你兼领海运局坐办的碴？

在胡雪岩的点拨下，王有龄恍然大悟，赶忙在第二天代黄宗汉交了一万银子的捐输军饷。而事实上也真正是"药"到"病"除，一万银子交出，他也随即得到兼领海运局坐办的批准。

黄宗汉为官极为贪婪，但他从不公然索贿，手下人要是不给，黄宗巡抚也不会发作，但是，往后可以另外寻个名目，修理礼数不够的属下。胡雪岩是好样的，他看得出黄宗汉的德性，只有使银子买平安。

有了这次前车之鉴，胡雪岩对黄宗汉日后的索贿也就心照不宣了。办理漕粮事件之时，王有龄与胡雪岩一行前往上海松江府这趟差使出发之前，"浙江海运局坐办"王有龄提领公款三万两银子，作为路上差旅盘缠。其实，三万两银子当中，实实在在只有一万两用于差旅，其他两万两，则另有用途。胡雪岩事前英明指出，巡抚黄示汉对钱财看得甚重，这趟出去，一定要给黄巡抚弄点好处，他要王有龄去探口风。

果不其然，黄宗汉暗示要两万两银子，所以，胡雪岩就要王有龄挪用公款两万两，一路带着，到了上海之后，汇到福建黄宗汉老家。

胡雪岩办事精明识趣，经常让长官心里想的得以实现，使得黄宗汉对他大开方便之门。后来胡雪岩在浙江的许多生意比如贩运军火，也是借助他的力量完成的。

然而，献贿也并非全都如此简单明白，送银子了事。对一些主要人物，比如朝廷大员，这要花巧计不露形迹地去做。胡雪岩不愧为这方面的高手。

胡雪岩在光绪七年三月来到北京。此行最主要的目的是疏通中央政府，同意由他向洋人借三百多万两银子的外债。

　　刚到北京，他就面临两项需索。首先，左宗棠与光绪皇帝之父醇亲王交好，醇亲王身兼朝廷禁卫军"神机营"司令，邀请左宗棠去看神机营操练，事情早就讲定了，但日期始终没敲定，说是要等胡雪岩到京之后，才能确定。

　　胡雪岩心中雪亮，知道所讲"要等胡老爷到京后再决定"，无非是说"胡老爷有钱，等胡老爷到京之后，带着钱去看神机营练，看完之后由胡老爷放赏"。

　　第二桩需索，则与胡雪岩借外债息息相关。那时候，满人宝均任户部尚书及总理各国事务衙门大臣，等于现在的财政部长兼外交部长，胡雪岩想要借外债，"外"与总理各国事务衙门有关，而"债"则是户部的业务职掌。所以说，宝均一关一定要打通。

　　怎么打通，还不是送银子！问题是，胡雪岩并不认识宝均，总不能就这样带着银票上宝家去。胡雪岩本事大，经过打听，竟然探听出一条门道。

　　原来，北京城有个地方叫"琉璃厂"，专卖文房四宝、书籍、古董、字画，这地方到现在还有，还是经营这些行业。那时候，清廷满朝权贵无不视贿赂为当然，可是又碍于颜面，不敢公然行之，于是，就想出了变通办法，这变通办法，就是与琉璃厂家挂钩，由商家担任贿赂中转站。

　　事情是这样办的，某人打算向某大员行贿，求取某一官职，则先与琉璃厂家接头，讲定以若干银两购买一件古董或一幅字画。接着，琉璃厂家就到大员公馆去，取得古董或字画。拿回琉璃厂，卖给行贿者。行贿者买到古董或字画，送给大员；琉璃厂卖出古董或字画，获得银两，留下回扣与手续费，把剩下银子交给大员公馆。

　　所以说，就某大员而言，他只是把自家的古董或字画交给琉璃

厂商人，商人卖给行贿者，行贿者又把东西送回大员公馆，某大员
并没少了东西。另一方面，却由琉璃厂商号送来银两，某大员并没
有直接收受行财者银子，他只是收了古董或字画，总算是文人雅士
赠送文物，并没沾上铜臭。这真是有意思，明明是拿红包收贿款，
但就是没有直接收钱。

胡雪岩就是用这种办法，巧妙地送了该大员三万两银子。结果
该大员在朝廷上拼命地说借洋债的好处，终于使这一事落实下来了。

而胡雪岩行贿的方式还不仅为送钱送物，他深谙衙门里的人的
心思，拉拢手段也几乎到了无所不为的地步。

胡雪岩一行人抵达上海郊区松江府之后，与松江漕帮搭上线，
漕帮祖宗魏老爷子交代手下大哥尤五，一定要好生招待胡雪岩一行。
胡雪岩那帮人，品流不齐，领头者是学官两栖王有龄，往下数，还
有两个幕僚随员，一个姓吴，另一个姓周，都以"海运局委员"名
义，随行办事。往下，还有听差高升，以及打杂下手。

为了照应这么一大帮人，胡雪岩心思缜密，分门别类，从大老
爷王有龄到听差高升，全都安排作了一趟风月之旅。胡雪岩的手段
就在这里，什么人去什么地方，分得清清楚楚，绝不龙蛇混杂。

听差、杂役之流，胡雪岩请漕帮小兄弟领着，就此去逛花街柳
巷。穿长衫、有官衔的吴委员、周委员，好歹也是衣冠中人，就由
漕帮大哥尤五领着，上高级窑子"三多堂"眠花宿柳。至于领头官
儿王有龄，胡雪岩则另有安排，他向漕帮儿哥们打听明白，领着王
有龄悄悄地独走蹊径，去"梅家巷"寻幽访胜，找高级货色去矣。

不论官场或商场，伦理、身分、辈分都有讲究，在上位者无论
如何都要摆个身段，才好统帅底下的人，否则，长幼不分，失了伦
理辈分，这领导统御也别想弄好。胡雪岩深谙此道，巧妙安排，尽

管大官、小官都嫖妓，但两边却分而食之，不可同行狎妓。所以，高升、吴委员、周委员这帮人都是明着逛窑子，而王有龄就不行。王有龄在"梅家巷"快乐得不得了，却无虞穿帮，因为有胡雪岩为他遮掩，胡雪岩对众人说，王有龄拜访亲戚去了。官场学问大矣，胡雪岩可谓深谙此道。

正因为胡雪岩深深明白那个时代官场学问和官场中人的心理，善于揣摩，巧加迎合，他的政治投资也就与众不同地成功。

人心莫测，但并不等于人心无迹可循。聪明的人往往善于揣摩，从他人的细微之处猜察别人的心理想法，投人所好，从可把一些愚笨之人无法办成的事情办成。

4. 对症下药方可除病

何桂清年少得意，在情、色上免不了看不开，居然迷上胡雪岩的宠姬阿巧。这使胡雪岩非常意外。

对于阿巧，胡雪岩自相遇之日，便有"西南北东，永远相随无别离"的属意。现在要做"断臂赠腕"的举动，这个决心委实难下。

最终，他还是做了"退一步想"的打算，忍痛割爱，将阿巧让给了何桂清。何桂清见胡雪岩竟然以美相让，万分感动，当即带阿巧上京打点，不多日便补了黄宗汉的缺。从那之后，他对胡雪岩非同一般，一直到死，都是胡雪岩生意的坚强后盾。

赠金、赠美，对以一品顶戴兵部尚书兼都察院左都御使任闽浙总督的左宗棠，又都失去作用了。起初，由于杭州被太平军占领期间的谣言，此时的左宗棠对胡雪岩既早闻其名，也早有戒备，他甚至接到许多状告胡雪岩的禀贴，决定一律查办，指名严参。这位素有"湖南骡子"之称的总督，在胡雪岩前去拜见时，甚至都不给他让坐，很是"凉"了他一把。而胡雪岩终于还是得到了左宗棠的信任，甚至被引为知己，左宗棠由此成为胡雪岩在官场比王有龄更有力量的靠山。后来也就是因为左宗棠的一力举荐，胡雪岩才得到朝廷特赐的红顶子。

胡雪岩邀得左宗棠信任的办法其实也很简单，那就是看到了左宗棠想要的东西，对"症"下"药"。胡雪岩做了两件事：

第一，献米献钱。胡雪岩回杭州，带到杭州去的有 1 万石大米和 10 万银子。本来这 1 万石大米有一个名目，那就是当初杭州被围时，胡雪岩与王有龄商量，由胡雪岩冒死出城到上海采购大米以救杭州粮绝之急。胡雪岩购得大米 1 万石运往杭州但无法进城，只得将米转道宁波，现在杭州收复，胡雪岩将这 1 万石大米又运至杭州，且将当初购米款两万银子面交左宗棠，等于是他既回复了公事，以此证明自己并非携款逃命，而又另外无偿献给左宗棠 1 万石大米。那 10 万两银子则是胡雪岩为了敦促攻下杭州的官军自我约束，不要扰民，而自愿捐赠的犒军饷银。清军打仗，为鼓励士气，有一个不成文的规矩，攻城部队只要攻下一座城池，三日之内可以不遵守禁止抢劫奸淫的军规。胡雪岩献出 10 万两银子，是要换个秋毫无犯。

第二，主动承担筹饷重担。左宗棠几十万兵马东征镇压太平军，每月需要的饷银达 25 万之巨，当时朝廷财政支出，用兵打仗采取的是"协饷"的办法，也就是由各省拿出钱来做军队粮饷之用，实际上是各支部队自己想办法筹饷。胡雪岩听到左宗棠谈起筹饷的事，毫不犹豫就表示自己愿意为此尽一分心力，而且当即就为筹集军饷想出了几条很是行之有效的办法。

胡雪岩做的这两件事，的确是对"症"下"药"，因而也是一下子"药"到"病"除。所谓对症，是因为粮食、军饷，都是左宗棠此时最着急也最难办的事。杭州刚刚收复，善后是一件大事，而善后工作要取得成效，第一位的是要有粮食，另外，当时镇压太平军实际是左宗棠与李鸿章协同进行，太平军败局已定，左宗棠当然想争头功，这个时候，粮草军饷也是当务之急。没有粮饷就无法进一步展开攻势，而且一旦"闹饷"，部队无法约束，也就势成"乌合"，还会酿出乱子。胡雪岩的到来，使左宗棠这两件让他头痛的事情一下子迎刃而解，哪里还有不得他赏识的道理！用左宗棠的话说，解决了这两个问题，不但杭州得救，肃清浙江全境他也有把握了。难怪胡雪岩去拜见他，开始连座都不让，到听说运来了粮食，不仅让座而且是升炕，而到了谈及筹饷，他马上吩咐留饭了。

这对症下药，说到底也就是投其所好。正如送礼，要送得合适，其中一条重要的原则就是要对方喜欢。而要对方喜欢，常常也就是送给对方急需的，又一时没有的。比如左宗棠喜奉承，求事功，胡雪岩正好给他送去了能使他成就事功所必需的东西，一送之，也就送出了意想不到的效果。胡雪岩说："送礼总要送人家求之不得的东西。"可见他是深谙此道的。

胡雪岩结交官员，首先是知道他们需要什么。给了他们需要的东西，也就抓住了他们。手中抓住了这么多官员，有了强大的官场靠山，胡雪岩运粮拨饷，筹示购枪，无一不可堂而皇之地去做，事事兴旺，事事顺遂。而这"对症下药"四字，实在是他巴结官场以官助商的窍门。

不同的人对一件东西的需求程度是不一样的。要想使自己的东西所送出去的效用最大，就必须对症下药，选择别人最想要且暂时

得不到的东西去送，这样既能让自己的东西物超所值，也会让别人
倍感满意。

5. 红花需要绿叶扶

　　一个人的知识和力量是有限的，生存的时间也是有限的。因此，
凡事都由自己去做，自己经手是办不成大事的。相反，凡是"万事
都求人"也是不能赚大钱的。要有合伙经营的思想准备才能干一番
大事业。

　　会做生意能赚钱的是那些经营方法得当，懂得把握时机，又精
于计算的人。特别是经营最新、最流行的赚大钱的商品。对这些生
意，必须与之适应，从中学习观察，并能加入其间，合伙则是上乘。
持"万事不求人"的态度是害自己的。因为各人有各人的关系，各
有各的朋友和智囊团，每个人都有好的想法可以借鉴。所以，吸收
新的合作伙伴，不仅能增强自己的力量，更能强化取胜的智慧。

　　只有跟他人精诚合作，才能左右逢源，遇危化吉，一步步走向
成功的顶峰。

　　胡雪岩长于算计，谋事周到，所谋之事多能办成，这是他的本
事，对此他也很自信。然而仅靠他一个人，只能唱独角戏，不会成
为一个集钱庄、丝行、典当、军火、粮食、房地产生意于一体，经
营范围涉及浙江、江苏、上海等几乎半个中国，甚至还把手伸到外
国人那里去的红顶商人。他成功的秘诀，在于能用人，也就是集中
大家的力量为我所用，从而创造出经营上的奇迹。

　　胡雪岩的用人，一是内部聘用，二是外部利用。在聘用职员上，

他不拘一格选拔人才，只要有所长，即大胆使用。如小船主老张，老实忠厚，人缘好，对丝茧较为熟悉，胡雪岩就投资一千两白银聘他当丝行老板。刘庆生本是一个钱庄站柜台的伙计，但人很精明，是可造之才，胡雪岩就用他当阜康钱庄的档手。陈世龙是一个类似街头混混的小青年。还好赌，胡雪岩发现他很机灵，也能管住自己，是个可堪造就的人才，就收他当伙计，而且还肯下本钱培养他，要把他造就成一个如古应春那样的"康白度"。如此这般，胡雪岩为自己网罗了一批十分能干的帮手。他不仅善于识别、选拔人才，而且能根据他们的专长，各有所用，充分信任。老张当丝行老板，为人老实，才能有限，胡雪岩却一再鼓励他大胆去干。刘庆生当阜康钱庄"档手"，胡雪岩就放手让他独挡一面，并不过多干涉刘庆生的经营。对伙计的信任，使这些伙计能留住心，替胡雪岩效力。

由此可见，在企业管理中，这种信任是十分必要的。企业领导毕竟不是超人，不可能面面俱到事事亲为，许多大大小小的事情，就不得不交给部下来完成。有些领导对员工缺乏必要的信任，自己做不来的事也不愿交给部下，对他们不放心，硬是把活儿死揽着，到头来误时又误工，是很不明智的。

"用人勿疑，疑人勿用"是管理学家常用的管理法则。企业领导只有充分信任部下，部下才会因为受到器重和青睐而努力地工作。相反，如果部下知道领导不信任自己，他们就会很敏感地觉察到，对这种度量狭窄的领导失望而轻蔑，自然工作起来便会不认真，敷衍了事，对命令的执行也只是应付差事。这样领导与部下的关系便会处于尴尬的境地，领导的权威因而也会受到影响。

信任部下不能只是嘴巴上说出来就行了，一定要切实地表现出来。领导在分配给部下工作时，应同时给部下以相对的权利，否则工作就无法顺利开展。在赋予部下权力时，要说明权力限制，之后就完全放手让部下自己决策，自己完成。假如在授权之后，仍然以不信任的眼光盯着部下，处处管着部下，让他的行动不越离自己的某种限度，这样他就会感到上级的不信任，他们就会失去其进取的积极性而流于一般的应付。这一点，胡雪岩就做的很好，深得人心。在对外部人员的利用上，胡雪岩也是巧借东风的高手。或以情动人，或以理服人，或以利诱人，胡雪岩均能恰到好处地打动对方，从而使对方与自己合作。

胡雪岩深知"绿叶"的重要，也是从"绿叶"那里获得支持的好手。

6. 冷灶不可不烧

结交官府中人，普通人大都将眼光放在当朝权贵、实权大官身上，却很少有人注意那些身处厄运，人微权轻或大势已去之人。胡雪岩则不同，他"交结官场，不仅'趋热门'也'烧冷灶'。"

"烧冷灶"表现在结交帮助一些暂时穷困潦倒而将来可能发迹的人物。这种"雪中送炭"的义举使得受助人感激不尽，而一旦受助人飞黄腾达了，施恩人就能得到意想不到的回报。

胡雪岩资助王有龄正是这种情况。照胡雪岩的话说就是："我看你好比虎落平阳，英雄末路，心里有说不出的难过，一定要拉你一把，才睡得着觉。"另一处的记述讲得更明白。胡雪岩对王有龄说："吾尝读相人书，君骨法当贵，吾为东君收某五百金在此，请以畀子。"

　　当然，胡雪岩这个冷灶烧得很冒风险，因为胡雪岩事实上是挪用了东家的钱来帮助王有龄的。所以王有龄担心自己一旦用钱，连累胡雪岩。胡雪岩的回答十分着实："子毋然，吾自有说。吾无家只一命，即索去无益于彼，而坐失五百金无着，彼必不为。请放心持去，得意速还，毋想忘也。"要钱没有，要命一条。既然能做出这种打算，就看出胡雪岩主意一定，这个忙是非帮不可了。胡雪岩的这一次"烧冷灶"奠定了他一生事业的基础。

　　这种烧冷灶的手段，在中国传统生活中颇为流行。旧社会上海滩上的黄金荣，便识蒋介石于患难之时，他不但代蒋了结了数千元债务，还资助蒋一笔旅费，使蒋得以投奔广州。后来蒋介石政界发迹，黄金荣的地位也就无人敢动摇了。杜月笙交戴笠也是如此，戴从小是个无赖，靠摆小摊骗钱度日，为警察所追捕，后来混到上海，也是在流氓群中做些无本"生意"。其时，杜月笙已跨进黄金荣的大门，与戴一见面，就认为戴是个"人才"，倾心结纳，不久就结为兄弟。后来戴仕途遇阻，一度陷入一文不名的困境，就去求杜帮忙。那时，杜月笙已是首屈一指的上海阔人了。居然顾念旧情，一次给了他50元。用完了，杜又给他50元。对杜的"慧眼识英雄"，戴念念不忘，在他后来也炙手可热，杀人不眨眼的时候，不时对部下提起往事，称道杜"古道热肠"，是他生平知己之一。每次去沪，必和这位盟兄亲密聚道，共商"党国大计。"

　　烧冷灶的另一种情形是结交下台政客，失意文人。也许会有人因结合或有意帮助未发迹之人，都很少有人看重已失势之人。胡雪岩则不然。宝森因为政绩平庸，被当时的四川巡抚丁宝桢以"才堪大用"的奏折形式，藉朝廷之手体面地把他请出了四川。宝森闲居在京，每日呼朋唤友，吟酒品茶泡财场，表面上很是悠闲，其实心中甚感落寞。胡雪岩就特意拜访，劝说他到上海一游，费用全部由胡雪岩包了。宝森因为旗人身份限制，在京玩得实在不过瘾，就随了胡雪岩去游上海，逛杭州，猜拳狎妓，游山玩水，甚是痛快。遂把胡雪岩视为密友，以后每遇大事，必自告奋勇，代胡雪岩在京里通融。

胡雪岩的阜康钱庄开业不久，就遇到了这样一件事：浙江藩司麟桂捎了个信来，想找阜康钱庄暂借两万两银子，胡雪岩对麟桂也只是听说而已，平时没有交往，更何况胡雪岩听官府里的知情人士说，麟桂马上就要调离浙江，这次借钱很可能是用于填补他在财政的空缺。而此时的阜康刚刚开业，包括同业庆贺送来的"堆花"也不过只有四万现银。

胡雪岩很为难，借了，人家一走，岂不是拿钱往水里扔，声音都听不到？即使人家不赖账，像胡雪岩这样的人，也不可能天天跑到人家官府去逼债。两万两银子，对阜康来说也是一个不小的损失。

按通常情况看，根据"人在人情在，人去人情坏"原则办事，一般钱庄的普通老板大约会打马虎眼，阳奉阴违一番，四两拨千斤，几句空话应付过去。不是"小号本小利薄，无力担此大任，"就是"创业未久，根基浮动，委实调度不动"。或者，就算肯出钱救麟桂之急，也是利上加利，活生生把那麟桂剥掉几层皮。

但是胡雪岩考虑到，一旦在人家困难的时候，帮着解了围，人家自然不会忘记，到时利用手中的权势，行个方便，何愁五万两银两拿不回来？据知情人讲，麟桂这个人也不是那种欠债不还、耍死皮赖的人，现在他要调任，他不想把财政"空缺"的把柄授之于人，影响了他仕途的发展，所以急需一笔钱来解决问题。

想到这一点，胡雪岩决定冒一次险。他不惜动用钱庄的的"堆花"款项以超低利率，悉数把钱贷给麟桂，这样做，钱庄大伙刘庆生有些不解，胡雪岩则说："调度，调度，作生意讲究的就是调度，所谓'调'，就是调得动，所谓'度'，就是预算。生意要做得活络，有进有出，什么时候有银子进来，什么时候银子该用出去，要有计划。银子调来调去，只要不穿帮崩盘就可以。"

胡雪岩这一宝，倒是压对了。尽管麟桂就要调走，但他临走前，送了"阜康"钱庄三样礼物：

一、找到名目，请朝廷户部明令褒扬"阜康"，这等于是浙江省政府请中央财政部，发个正字标记给"阜康"，不但在浙江提高"阜康"名声，将来京里户部和浙江省之间的公款往来，也委托"阜康"办理汇兑。

二、浙江省额外增收，支援江苏省裁剿太平天国的"协饷"，也委由"阜康"办理汇兑。

三、将来江苏省与浙江省公款往来，也归"阜康"经手。

这样的一招"烧冷灶"，使得胡雪岩的阜康钱庄不仅不愁没有生意做，还将生意做到了上海和江苏去。"烧冷灶"的利益回报，一下就显出来了。

当然，"烧冷灶"也不是逢灶便烧，而是放出眼光，择其有资望者，或将来必有起用之日者，殷勤接纳，时相探望，慰其寂寥，解其困难，使彼心中感动，当你是"雪中送炭"的君子。有朝一日，"冷灶"变热，政客上台，烧灶者便能如愿以偿。先前的投资，便可大获厚利了。

学而思之：患难方见真情，凡在人有难时，只要有人伸出援手，或施银两，或解决难题，他因待人渡过难关之后，必定会报答恩人。到那个时候，排忧解困者就受益不尽了。

7. 出外靠朋友

俗话说得好："在家靠父母，出外靠朋友"。

朋友，实在是一个五光十色的漂亮词。在社会生活中，似乎除父母夫妻、兄弟姊妹、师长等亲情关系极近而不便于用"朋友"称呼外，其他有关系的（不论是情感上还是事务上的）人员，皆可划入"朋友"之列（当然敌人、仇家除外）。只要有交往，就产生朋友；只要称朋友，就意味着人格的平等、情感的亲近、关系的密切，因此"朋友"一词不仅兼收并蓄、包罗甚广，而且是一个十分受欢迎的美丽的词儿。朋友，就意味着友谊、合作、帮助、平等、信任等等含义。它容易使双方产生心理上的认同感，从而为交往与合作创造良好的人际环境。在这个意上说，确实是"朋友是个宝"，"多个朋友多条道"。

可以这么说，大凡能成大事者，必然是朋友四面环绕，处处都见友情赞助。朋友多，事情当然好办，真正应了"人多好办事"、"众人拾柴火焰高"这两句话。然而人心诲诲，人性难测，凭什么别人孤寡单独，就只有某某人到处受欢迎？理由无他，盖因某人平常爱交朋友，到处交情耳！

胡雪岩就是这样的人，喜欢处处交朋友，时时帮人忙。然而，胡雪岩交起朋友来，生冷不忌，水陆并陈，没有三六九等的界线，真正是什么人和他都有缘份。

胡雪岩的"朋友"，主要是生意上的朋友，为着各自的或共同的利益而进行合作，双方互惠互利，互兴互荣，以利益为纽带，谋求对方的支持与帮助。这就是胡雪岩的所谓"靠朋友"。胡雪岩一向认为生意场中，无真正朋友，但也不是到处都是敌人，既然大家共吃这碗饭，图的都是利，有了麻烦，最好把问题摆到桌面上，不要私下暗自斗劲，结果谁都没有好处。他的"替朋友着想"，就是站在对方的角度上充分揣摩对方的需要，照顾对方的利益，并对对方施以恩惠。在他看来，自己的生存发展是靠的朋友，为了赢利还须为朋友着想，二者的目的是一致的。比如罗尚德存钱一事便是胡雪岩赢得朋友、又获得朋友支持的一个例子。

胡雪岩为了赢得朋友，在阜康钱庄开业的时候，自己垫钱给一些大官的太太、小姐、少爷等各存了二十两银子，也给黄巡抚的仆人刘二存了二十两银子。刘二拿到存折，不仅马上在阜康钱庄存进一百八十两银子，而且向他的朋友罗尚德宣传胡雪岩的为人守信用、讲义气。罗尚德本是清军绿营的一个小军官，利用各种手段攒了一万一千两银子，听说胡雪岩的为人厚道，连夜起出全部银子拿来存，且声明不要存折、不要利息。罗尚德的到来，还意外地解决了胡雪岩的难题。

原来，胡雪岩为了帮助从浙江调任江宁的麟藩台填补二万五千两银子的亏空，已凑了一万多两，还差一万多两银子。罗尚德的一万多两银子，正好可用作借给麟藩台的银款。胡雪岩之所以慷慨地帮助调任的麟藩台，也有争取将来麟藩台支持自己，将江宁方面与杭州的钱款往来交由阜康钱庄代理的考虑。他既是帮助朋友，也是为了利用朋友。

胡雪岩对于罗尚德，不仅是话说得漂亮，而且是条件优惠：三年定期，期满后本利共一万五千两银子。这样，如果罗尚德回乡，正好可以还清他借的一万五千两的债务！

胡雪岩这样为朋友着想，也是有考虑的：军营官兵们马上就要开往前线打仗，他们身上的钱往哪儿放？一听罗尚德的宣传，定会拿来存入阜康钱庄。

只有替朋友设想，才能赢得朋友；有了朋友，才能靠朋友。胡雪岩从一个钱庄的小伙计发展成雄据一方的老板，其成功的因素固然很多，但依靠朋友却是不容忽视的一条。

8. 想方设法化敌为友

人在社会上行走，难免会树立起敌人，更何况是商业场中，你争我夺！

胡雪岩信奉这样一句话，没有永远的敌人，只有永远的利益。此话怎讲呢？多一个朋友多一条路，多一个敌人多一堵墙，一旦生意上对别人构成威胁，形成敌对关系，胡雪岩总会想方设法化敌为友。

胡氏在生意上虽然历经波折，但终究是有莫大的成就。这不但靠他自己的能力，也靠他的朋友支持，甚至是势不两立的敌人也有向他伸出援助之手的时候。

与胡氏势不两立的，大都是生意上的对头。一般商人遇到这种事，总是想：既然大家都过独木桥，对不起，我只有想办法把你挤下去了；然而胡雪岩不这样想，既然是过独木桥，都很危险，纵然我把你挤下去，谁能担保你不能湿淋淋地爬起来，又来挤我呢？冤冤相报，何时是个头？既然大家图的是利，那么就在利上解决吧。

胡雪岩的老朋友王有龄曾经遇到一件麻烦事，他去拜见巡抚大人，巡抚大人却说有要事在身，不予接见。

王有龄自从当上湖州知府以来，与上面的关系可谓做得相当活络，逢年过节，上至巡抚，下至巡抚院守门的，浙江官场各位官员，他都极力打点，竭力巴结之能事，各方都皆大欢喜，每次到巡抚院，巡抚大人总是马上召见，今日竟把他拒之门外，是何道理？真是咄咄怪事！

王有龄沮丧万分地回到府上，找到胡雪岩共同探讨原因。

胡雪岩道，此事必有因，待我去巡抚院打听，于是起身到巡抚院，找到巡抚手下的何师爷，两人本是老相识，无话不谈。

原来，巡抚黄大人听表亲周道台一面之词，说王有龄所治湖州府今年大收，获得不少银子，但孝敬巡抚大人的银子却不见涨，可见王有龄自以为翅膀硬了，不把大人放在眼里，巡抚听了后，心中很是不快，所以今天给王有龄一些颜色。

这周道台到底何方神圣，与王有龄又有什么过节呢？

原来，这周道台并非实缺道台，也是捐官的候补道台。是巡抚黄大人的表亲，为人飞扬跋扈，人皆有怨言。黄巡抚也知道他的品性，不敢放他实缺，怕他生事，念及亲情，留在巡抚衙门中做此文案差事。

湖州知府迁走后，周道台极力争补该缺，王有龄使了大量银子，黄巡抚最终把该缺给了王有龄。周道台从此便恨上王有龄，常在巡抚面前说王有龄的坏话。

王有龄知道事情缘由后，恐慌不已，今年湖州收成相比往年，不见其好，也不见其坏，所以给巡抚黄大人的礼仪，还是按以前惯例，哪知竟会有这种事，得罪了巡抚，时时都有被参一本的危险，这乌纱帽随时可能被摘下来。

对此，胡雪岩却微微一笑，从怀里掏出一只空摺子，填上两万银子的数目，派人送到巡抚黄大人，说是王大人早已替他存有银子入钱庄，只是没有来得及告诉大人。

黄巡抚收到摺子后，立刻笑逐颜开，当即派差役请王有龄到巡抚院小饮。此事过后，胡雪岩却闷闷不乐，他担心有周道台这个灾星在黄大人身边，早晚会出事。

王有龄何尝不知，只是周道台乃黄大人表亲，打狗还得看主人，如果真得要动他，恐怕还真不容易。

胡雪岩想来想去，连夜写了一封信，附上千两银票，派人送给何师爷，何师爷半夜跑过来，在密室内同胡雪岩谈了一阵，然后告辞而去。

第二天一早，胡雪岩便去找王有龄，告诉他周道台近日正与洋人做生意，这生意不是一般的生意，而是军火生意，做军火生意原本也没什么，只是周道台犯了官场的大忌。

原来，太平天国之后，各省纷纷办洋务，大造战舰，特别是沿海诸省。浙江财政空虚，无力建厂造船，于是打算向外国购买炮船，按道理讲，浙江地方购船，本应通知巡抚大人知晓，但浙江藩司与巡抚黄大人有隙，平素貌和神离，各不相让，藩司之所以敢如此，是因军机大臣文煜是他的老师，正因如此，巡抚黄大人对藩司治下的事一般不大过问，只求相安无事。

　　然而这次事关重大，购买炮舰，花费不下数十万，从中回扣不下十万，居然不汇报巡抚，所以藩司也觉心虚，虽然朝中有靠山，但这毕竟是巡抚的治下，于是浙江藩司决定拉拢周道台。一则周道台能言善辩，同洋人交涉是把好手，二则他是黄巡抚的表亲，万一事发，不怕巡抚大人翻脸。

　　周道台财迷心窍，居然也就瞒着巡抚大人答应帮藩司同洋人洽谈，这事本来做得机密，不巧却被何师爷发现了，何师爷知事关重大，也不敢声张，今日见胡雪岩问及，加之他平素对周道台十分看不起，也就全盘托出。

　　王有龄听后大喜，主张原原本本把此事告诉黄巡抚，让他去处理。

　　胡雪岩道，此事万万不可，生意人人做，大路朝天，各走半边。如果强要断了别人的财路，得罪的可不是周道台一人。况且传出去，人家也当我们是告密小人。

　　两人又商议半晌，最后决定如此如此。

　　这天深夜，周道台正在做好梦，突然被敲门声惊醒。他这几日为跑炮船累得要死，半夜被吵，心中很是气愤，打开门一看，依稀却是抚院的何师爷。

　　何师爷见到周道台，也不说话，从怀里摸出两封信递给他。

　　周道台打开信一看，顿时脸色刷白，原来这竟然是两封告他的信，信中历数他的恶迹，又特别提到他同洋人购船一事。

　　何师爷告诉他，今天下午，有人从巡抚院外扔进两封信，叫士兵拾到，正好何师爷路过拆开信一看，觉得大事不妙，出于同僚之情，才来通知他。

周道台一听顿时魂飞魄散，连对何师爷感激的话都说不出来。他暗思自己在抚院结怨甚难，一定是什么人听到买船的风声，趁机报复，如今该怎么办呢？那写信之人必定还会来报复。心急之下，拉着何师爷的衣袖求他出谋划策指条明路。

何师爷故作沉吟片刻，这才对他说，巡抚大人所恨者乃藩司，所以他并不反对买船。如今同洋人已谈好，不买也是不行，如果真要买，这笔银子抚院府中肯定是一时难以凑齐，要解决此事，必要一巨富相资助，日后黄大人问起，且隐瞒同藩司的勾当，就说是他周道台与巨富商议完备，如今呈请巡抚大人过目。

周道台听完，倒吸了一口凉气。他在浙江一带，素无朋友，也不认识什么巨富，此事难办！

何师爷借机又点化他，说全省官吏中，惟湖州王有龄能干，又受黄大人器重。其契弟胡雪岩又是江浙大贾，仗义疏财，可以向他求救。

一提王有龄，周道台顿时变了脸色，不发一言。

何师爷知道周道台此时的心思，于是又对他陈述其中的利害，听得周道台又惊又怕，想想确实无路可走，于是次日凌晨便来到王有龄府上。王有龄虚席以待，听罢周道台的来意，王有龄沉吟片刻，道："这件事兄弟我原不该插手，既然周兄有求，我也愿协助，只是所获好处，分文不敢收，周兄若是答应，兄弟立即着手去办。"

周道台一听，还以为自己听错了，赶紧声明自己是一片真心。

两人推辞半天，周道台无奈只得应允了。于是王有龄到巡抚衙门，对黄巡抚道自己的朋友胡雪岩愿借资给浙江购船，事情可托付周道台办。

巡抚一听又有油水可捞，当即应允。

周道台见王有龄做事如此厚道大方，自觉形秽。办完购船事宜后，亲自到王府负荆请罪，两人遂成莫逆之交。

如果避免不开，树敌自然无妨，也不必害怕，然而如果能想到办法，化敌为友，那又何乐而不为呢？毕竟，和气才能生财，树敌容易，化敌却难，如果一个人能把敌人都转化成朋友，那他的能力不更是让人佩服吗？如果能获取敌对方的支持，又何愁事业无成？广结天下友，方可博取人间财。

第四章　胡雪岩的用势顺势智慧

1. 把握时局是头等大事

商人的性格是不是有一个固定的模式呢？显然是不可能的。但是聪明的商人总能在关键时刻爆发求成的性格，睁大眼睛，紧盯商势变化，由此为自己的经商奠定成功基础。

从时局入手，打开人生局面，是最高明之举。胡雪岩在清末的个人成功，可以说是"时势造英雄"。但"英雄"也决不是时势的被动产物，在胡雪岩的心中，看准时局，维持市面是保证其事业成功的重要条件。

胡雪岩认定自己做生意都与时局有关，自然是他切于自身的体会，他的生意成也好，败也好，确实都与时局有关。比如他的钱庄向太平军逃亡兵将吸纳存款，就与太平天国走向败局的大势有关，比如他的生丝销洋庄，即与太平军杀向浙江阻断上海生丝来源有关……正因为如此，胡雪岩也总是把帮助维持市面的平静安定，放在一个重要的地位，即使因此自己要付出一些代价，他也在所不惜。

比如杭州战后的善后赈济。杭州被官军收复的消息一传到上海，胡雪岩就立即动身赶赴杭州，参加杭州繁忙的战后赈济工作。

胡雪岩首先做的一件事，就是将一万石大米无偿捐献给杭州官军，用于军粮和赈济灾民。一年多以前，杭州被太平军团团包围，王有龄遵地方官"守土有责"的惯例，率杭州军民坚守孤城，终至粮草尽罄，断粮达一月之久，连药材南货，比如熟地、黄精、枣栗、海参之类，都拿来做了充饥之物，再后来就是吃糠、吃皮箱、吃草根树皮，最后已经到了割尸肉充饥的地步。胡雪岩冒死出城，到上海买得一船救命粮，运至杭州城外的钱塘江面，无奈进城通道已经完全断绝，城内城外相望而无法相通。在经历了三天度日如年、寝食俱废的等待之后。胡雪岩终于同意让陪他一起到杭州送粮的萧家骥冒险进城。向城中通个消息，并商量一下，看着能不能找到将粮食抢进城中的办法。萧家骥出发之前，胡雪岩问他如何到对岸，如何进得杭州城去，遇到敌、我双方的人又如何应对。对于这些至关重要的问题，萧家骥其实想都没想，以他的意思，这种情况下，原本只能见机行事碰运气。但胡雪岩不同意只是去见机行事碰运气，并且为他筹划了细致的应对方案，才放他出发。

胡雪岩说："这时候做事，不能说碰运气，要想停当了再动手。"他这里说的"这时候"，自然不是指商事运作的时候，不过，他所说的危机时刻"不能说碰运气，要想停当了再动手"其中包含的道理，用于商事运作却也是极为恰当的。其实，做生意许多时候遇到的情况与萧家骥此时冒险进城也非常相似：救命大米费尽辛苦已经运到城外，决没有无果而返的道理。而要事情有一个结果，就必须冒这一次险。当时的情形是，城外的人对城内的情况一无所知，城外有重重围兵，抓住想要与城中守军互通消息的人，一定会予以重罚，弄不好还会杀头。而被围的人此时实际上也已成惊弓之鸟，萧家骥在城中没有一个认识的人，加以这个时候又不能写一个能够证明他的身份的文书信函之类的东西带在身边，进得城去也有可能被当成奸细。也就是说，无论是落人围兵之手，还是进得城去，应对稍有差池，都会性命不保，更不用说完成此行的任务了。萧家骥此行，实在吉凶难卜，结果只能等到最后才能见分晓。

由于杭州城被太平军围得铁桶一般，又没有足够兵力打开一条入城的通道，胡雪岩带来的运粮船只能停在杭州城外的钱塘江望城兴叹，绝望之中胡雪岩只好将米运往当时也是刚刚经过大战劫难的宁波。胡雪岩捐献杭州的就是这批大米。当初胡雪岩将这批大米运往宁波时，宁波刚刚被官军攻下，城中难民无数，粮食奇缺，这一万石大米正好救急，只是当时接受这批大米的米行开价付款时胡雪岩却分文未要，而提出了一个要求：这批大米算是出借，将来不管什么时候，只要杭州收复，无论如何必须在三天之内以等量大米归还。用生意人的眼光看，这等于将一大笔钱"搁煞"在那里。就当时的情况看，太平军在东南地区势头正猛，杭州收复似乎是遥遥无期。即便三五年内杭州可望收复，这么长时间，利上盘利，一石也可能变得不止两三石了。但是胡雪岩有自己的想法和打算，一方面，在他的心中，这一万石米是杭州军民百姓的救命米，虽说自己尽了力，但终归没能运进城里去救活人，他不能拿着等于是杭州军民百姓性命的大米去赚钱。另一方面，他相信不管怎样，杭州总有被官军收复的一天。那时，早一天运去粮食，也就可以多救活一些人，他要留着米在那里，杭州一旦收复，他可以随时启用，以防万一，到时如果不凑手，误了大事，自己又会留下极大的遗憾。

胡雪岩如此行事，从他个人的角度来说，确实也是出于他尽心乡梓的诚意而做出的义举。当初冒死出城采购大米，又冒死将大米运抵杭州城下，就是希望能为赈济乡梓饥民尽一份力，这诚意确实不容怀疑。也正是从这里，我们也可以看到胡雪岩的为人。不过，客观说来，从生意人的用心来看，他要用这一万石大米为自己能重新在杭州站稳脚跟"垫"底，也是确实的。事实上是，他把这一万石大米捐献杭州，立即使他在杭州士绅百姓中名声大振，也使他一下子就得到倔强敢为而素有"湖南骡子"之称的左宗棠的赏识，被委以负责杭州善后事宜的重任，而在此之前，左宗棠本来是要上奏朝廷以贪污粮款的罪名严惩胡雪岩的。

时代大局，浩浩荡荡，不可阻挡，顺之者昌，逆之者亡。在任何时候，只有把握了时局的方向，才有可能建立宏图伟业，否则，就是逆时而动，螳臂挡车，自取灭亡。

2. 什么事都要讲机会

胡雪岩说，会做生意的人，除了精通取势用势外，还要特别善于发现机会，要能够很好地把握和利用机会，要学会把机会变成实实在在的银子。因为，归根结底，机会只有对于那些善于发现机会并且能够很好地抓住机会和利用机会的人，才能成其为机会。

如果说取势靠本事的话，那么乘势则要靠眼光及时发现机会，靠手腕牢牢抓住机会，靠精神力气把一个个被发现的或遇到的机会，经营成一个个实实在在的财源。因此，胡雪岩才说："做生意要有机会，更要靠过硬的本事。"

胡雪岩刚开始做生丝生意的时候，正是西方资本主义工业生产，特别是纺织工业大发展的时期，丝绸纺织需要的原料大幅增加，洋人就需要从中国大量进口蚕丝，因而无论是做内贸，还是销"洋庄"，都能赚大钱。胡雪岩要做生丝生意确实有些偶然的机会在起作用。比如王有龄得到海运局坐办的官缺，上任伊始便遇到解运漕米的麻烦，请胡雪岩帮助自己渡过难关，使他有了一个奔走于杭州与上海之间的机会。他们奔走于杭州上海之间，雇请的正是阿珠家的船，阿珠娘恰好懂一些蚕丝生意，又使胡雪岩有了一个非常方便的请教机会。在解决漕粮解运问题的过程中，胡雪岩又有机会与漕帮建立良好的关系，并且结识了十分熟悉洋场生意门道的古应春。

对胡雪岩来说，最大的机会就是王有龄恰好调任湖州知府，湖州又是蚕丝的主要产地。这一切恰好都好像安排好了一般，一环扣一环地发生了，使胡雪岩这个完全不懂蚕丝生意的门外汉也就顺利地做起了蚕丝生意，进而又销起"洋庄"，做起了蚕丝"外贸"。这一个个"巧合"实在是胡雪岩的"运气"。可如果在这一个个"运气"面前，胡雪岩没有识势乘势的本事呢？比如胡雪岩没有一眼就看出蚕丝生意大有可为的眼光，或者看到了却不懂得如何利用眼前的有利条件呢？再比如。如果胡雪岩没有那种当机立断说干就干的胆识和气魄，或者虽然知道要干但却没有合理调配人力、资金的能力，不知道怎么去干呢？

一个明显的反证就是，信和钱庄的张胖子，与胡雪岩同行于杭州、上海，甚至比胡雪岩更熟悉江浙一带的蚕丝经营。而且当时的信和还是杭州城里最大的钱庄之一，资本比胡雪岩要雄厚得多。但他就是没有想到去做这一注定能发大财的生意。另一方面，胡雪岩经营蚕丝生意，无论是历史的长短、经验的丰富，还是实力的雄厚，都不如作为丝商巨头的庞二。但胡雪岩一上手就想到联合同业控制市场，操纵价格，在销"洋庄"的生意中迫使洋人就范，而庞二做了那么长时间的生丝"洋庄"却没有想到如此去做。

　　张胖子、庞二都没有想到去做的事情，胡雪岩却想到了，并且毫不犹豫地做了。他利用阿珠家就在湖州并且熟悉蚕丝生意的便利，马上出资由阿珠的父亲在湖州开设丝行；他利用王有龄外放湖州知府可以代理湖州官库的便利。采取"借鸡生蛋"的方法，立即着手生丝收购；然后联系洋商，结交庞二，大张旗鼓地做起了蚕丝销"洋庄"的生意。如此一来，胡雪岩想不发财都不可能了。

　　机会只属于那些有充分准备的头脑，机会只有对于那些善于发现机会并且能够很好地抓住机会和利用机会的人，才能称其为机会。这就要求我们，做什么事情都要有充分的准备，否则，机会来了也会被我们白白浪费掉。

3．学会乘势而行

　　一个人要真正能够把握机会，让机会变成实实在在的财流，除了出手迅速，敢想敢干之外，还有更重要的一点，那就是要学会乘势而行。胡雪岩为帮助左宗棠筹办船厂和筹措军饷向洋人借款成功，就是乘势的结果。

　　胡雪岩是中国历史上第一个以商人身份代表政府向外国引进资本的商人。而在他之前，清政府不仅还没有向洋人借款的先例，并且还明确规定不能由任何人代理政府向洋人贷款。例如曾是首辅军机大臣的恭亲王就曾拟向洋人借银一千万两用于买船，所获谕批却是："其请借银一千万两之说，中国亦断无此办法。"胡雪岩最初向洋人借款的提议，甚至让一向果敢有决断的左宗棠对能否获朝廷批准也心存犹豫。还是胡雪岩一番关于当下时势以及办大事要懂得乘势而行的剖析才使他得以坚定。

胡雪岩说："做事情要如中国一句成语说的'与其待时，不如乘势'，许多看起来难办的大事，居然都顺顺当当地办成了，就是因为懂得乘势的缘故。"同样是向洋人借款，那时要办断不会获准，而这时要办却极可能获准。这是时势使然，一则那时向洋人借债买船，受到洋人多方刁难，朝廷大多数人不以为然，恭王亦开始打退堂鼓，自然决不会再去借洋债。而此时洋人已经看出朝廷决心镇压太平天国，收复东南财赋之区，自愿借款以助朝廷军务，朝廷自然不大可能断然拒绝。二则当时军务并不十分紧急，向洋人借款买船尚容暂缓，此时军务重于一切，而重中之重又是镇压太平天国，为军务所急向朝廷提出向洋人借款的要求，朝廷也一定会听从。三则此时领衔上奏的左宗棠本人手握重兵，且因平定太平天国有功而深得慈禧太后信任，由他向朝廷提出借款事，其份量自然就不一般了。借助这三个条件形成的大势，向洋人借款不办则罢，一办则准成。事情的发展也果真如胡雪岩所料，几乎一点不差。

胡雪岩在这里所说的势，就是指那些促成某件事成功的各种外部条件同时具备，即是恰逢其时、恰在其地，几好合一，好的机会汇集而成的某种大趋势。具体说来，这种"势"，也就是由时、事、人等因素相互作用形成的一种可以助成"毕事功于一役"的合力。这里的"时"即时机。所谓"此一时，彼一时也"，同样一件事，此时去办，也许无论花多大的力气都无法办成，而彼时去办，可能"得来全不费功夫"。这里的"事"是指具体将办之事。一定的时机办一定的事情，同样的事情此时该办亦可办，彼时却也许不该办亦不可办。可办则一办即成，不可办则绝无办成之望。这里的人即具体办事的人。一件事不同的人办会办出不同的效果。即使能力不相上下的两个人，这个人办得成的某件事，另一个人却不一定能办成。所谓乘势而行，也就是要在恰当的时机由恰当的人选去办理该办的事情。

当然，作为一名出色的商人，要想做大生意更应该清楚，在诸多因素中，对时机的选择与把握是至关重要的，它可以说是"乘势"的灵魂。这就犹如我们平常发表对某件事情或对某件事做一个决策的看法一样。在许多事情的处理与运作过程中，特别是在商场的行事中，即使你是一个身高位显、举足轻重的大人物，即使是你的意见很富有科学理性、意见绝对正确、决策十分果断准确，如果你想让你的意见或决策起到更大更有力的作用或影响，你也必须选择恰当的时机，乘"势"而发。否则，说早了没用，说迟了徒然自误；说的场合不对，难以生效，更有甚者还会带来负作用。其中的决窍，就是"乘势"的奥妙之所在。

一招之出，能顺乎大势而使事功圆满，这样的招术，大约应该可以称之为"仙招"了吧。胡雪岩游刃官商之间，之所以能左右逢源，纵横捭阖，就是与他深得"乘势"之妙、精通"仙招"之理分不开的。

胡雪岩灵活变通官商之道策略中，"乘势"是其最高明的手段。俗话说：借得东风好行船。这里的东风，其实指的就是势。有了东风，船就能够顺风而下，既节省力气，又加快了行程；而如果没有东风的话，行船速度就会很慢，既白白浪费了力气，还有可能耽误行程。由此可见，乘势对于人做好事情的重要性。

4. 顺势取势还要做势

急功近利往往是商人的通病。这就是很多人想在商场中成就大事业，但有很少人能如愿以偿的症结所在。如何能吃小亏，耐一时之难，获取一条不尽财富滚滚来的巨利之源，应该是每一位欲想成功的商人所必须认真思考的问题。

按照代换理论的观点，利是忍之所得，忍的实质是先求做事，后求利。做小事，从开始忍耐到获利的间隔小，获利也就小。做大事，从开始忍耐到获得的间隔大，获利也就大。在一般情况下，只要方法正确，目标选准，获利和所做的事，与忍耐的能力总是成正比的。古人云：三更灯火五更鸡，正是男儿读书时。科举时代的人们书一读便是寒窗十年，忍得寒窗苦，方有以后的衣锦还乡，仕途坦荡，正是"书中自有黄金屋，书中自有颜如玉"。纵横商海和遨游书山的道理一样，急功近利，耐不住性子等待、忍耐，根本别想获得"黄金屋"和"颜如玉"。所以说：真正的成功商人，总是"先不必求利，要取势"。

对于当时的天下大势，胡雪岩了然于胸：首要的天下大势就是"洪杨之乱"。胡雪岩认为，太平天国起义引起整个社会的人口流动，财富大变迁。非一时可以安顿。其次是大清王朝海禁大开，眼看着洋枪洋炮挟着西方的工业品滚滚流入中国市场。中国和西方在经济文化方面存在着巨大的差距。也非一时可以弥补。胡雪岩本人不但了解大势，而且独具主见。胆小之人因"洪杨之乱"而整天惶惶不安，忙于逃命。胆大之人见财忘义之人，甚至趁机捞一把，终因其目光短浅难成大事。

　　然而，胡雪岩是胸怀天下，十分有眼光的人。他根据当时事情的发展情况判断"长毛"是不会持久的，官军早晚要把他们打败。既然天下大势是这样，那么某些不法商人浑水摸鱼，两面三刀，投机取巧，都不是地道的作为，也不会长久的。营势造势，做大生意，最好的办法，就是帮官军打胜仗。胡雪岩认为："只要能帮官军打胜仗的生意，我都做，哪怕亏本也要做。要知道这不是亏本生意，是放资本下去。只要官军打了胜仗，时势一太平，什么生意不好做？到那时候，你是为朝廷打败太平军出过力的，公家自会报答你，做生意处处给你以方便。你想想看，这还能不发达？"

　　只有了解了天下大势，才能够顺势取势。势在官军这边，胡雪岩自然要帮官军。只有昏头黑脑的那些人，因为鼠目寸光，看不出社会大的走向，仅为眼前可图的几笔蝇头小利而断送了大好前程。洋人那边也是这个道理。胡雪岩这样认为："洋人虽刁，刁在道理上。只要占住了理，跟洋人打交道也并不难办。"

　　胡雪岩的这种看法，在晚清海禁开放之初，确实有着与众不同之处。在闭关锁国的晚清，人们都普遍对洋人缺乏一个正确认识，洋人不是被鄙视为茹毛饮血的野人，就是被夸张为不可侵犯的神人。结果当时不少商人就无法与洋人平等往来，做出了许多滑稽可笑的事情。而胡雪岩由于洞悉天下大势，因而能够一开始就守定了讲道理、互惠互利的宗旨。在生意场中自然又占了风气之先，为他商业上的发达奠定了基础。

　　有了对这两个大势的充分认识和详细分析，胡雪岩开始琢磨如何地顺势取势，把生意做好、做大。看到了大的形势，并顺应大的形势走，这是顺势。但是光有这一点还不够，跟着大势走仅仅是顺应时势，只能做一个机会主义者，胡雪岩并不仅仅满足于顺势借势，他还要更进一层、他要让势为自己服务。他要通过自己的一番积极努力，让自己置身于能控制大势的核心位置，这就是"做势"。

"顺势是眼光，取势是目的，做势就是行动"。胡雪岩在官场上，通过资助从地方官员到封疆大吏王有龄、黄宗汉、麟桂、何桂清、左宗棠等人，通过为他们出谋献策，出力出钱，把这些官场中人的功名与利益和自己的商业利益紧紧联结在一起，从而达到"此人须臾不可离"，或者说"天下一日不可无胡雪岩"的效果，并且让他们心甘情愿地帮助、支持、关照自己的生意，为自己所用，从而使自己的商业遍布全国各地名噪一时，这样就算取得了官势。

王有龄、何桂清等人的升迁和享乐无时无刻离得开胡雪岩；左宗棠平定回乱，建立不世功名也离不开胡雪岩筹粮筹饷的帮助。因为胡雪岩知道他们最需要什么，所以也能抓住他们的心，让他们心存感激。抓住了官场中的这些人，也就抓住了他们为官而自然形成的官势。能够在官场中有这些靠山在，转粮拨饷、筹款购枪，所有的生意，无一不可堂而皇之地去做。并且这些人也正眼巴巴地盼着你能够做这些生意，并且希望从中渔利。

在那个官本位意识浓厚、经商低人一等的特殊年代，一个生意人要在商场中纵横驰骋，取得大成功，官场势力绝不可少。但在商言商，商业势力内部的联合也是极其重要的，因此，一个生意人在商界本身的势力也不能忽视。商人的成就毕竟还是要在商界之中体现出来，仅有官场势力而在商界之中依然无法形成自己的影响，要想在商界立足且获得成功，也是不可能。因此，胡雪岩说，官场势力，商场势力都应用心经营。

例如征收"协饷"一事。朝廷为筹集粮钱用于镇压太平军，要求各地"协饷"。清朝末年实际上已经极度衰败。由于国内连年战乱，内忧外患，国家的财政收入十分有限，户部一年应该有四千万的收入，但实际连三千万都不到，赤字很大，国家财政已经到了几乎崩溃的境地。如今要平定太平天国，招兵募勇，一下增兵十几万，粮饷就成了朝廷面临的最大问题。国库空虚，当然只好找地方政府筹集，所谓协饷，也就是由未受战乱，世面比较平静的省份帮助筹集军队粮饷。

当时军队急需协饷不需解部，要求直接解送各大营粮台。浙江的协饷要解往江南大营，本来按照官府规定是要解送现银的，但由于江南大营围金陵，江北大营围扬州，水陆两路都无法保证安全，因此浙江藩司与江南大营粮台商定，或者汇解上海，或者汇解苏州。当时江南大营的代表已到达上海，要求浙江承汇的钱庄派人前去接头商谈汇解事宜。由于胡雪岩成功的运作以及他在浙江官场的庞大势力，阜康于是成为代理协饷汇解的首选钱庄。但就阜康目前情况本金有限，难以独自做成这单生意，胡雪岩必须去湖州一趟，寻找生意合作伙伴。

胡雪岩选中了大源钱庄。

胡雪岩选择大源做联手伙伴，让他的朋友难以理解。在一般人认为，胡雪岩首先应该选择信和钱庄和自己联手才对，一来信和钱庄也是杭州城里首屈一指的大字号，实力较强，二来与胡雪岩的关系非同一般，信和是他当年当学徒时的老"家"，加上帮助王有龄海运局漕米解运的事信和也参与了，而且出人出钱，立了大功。此时的信和实际上已经成了"阜康"最忠实的生意伙伴。所以，无论从哪个角度进行分析，都没有将协饷这块"肥肉"送给大源钱庄，却不送给信和钱庄的道理。就连阜康档手刘庆生知道胡雪岩做出的与大源联手的决定之后，也提出了疑问，他问胡雪岩："阜康与信和关系非同一般，你为什么不选信和来做？"

这也正是胡雪岩行事高人一筹之处。胡雪岩这样认为，正是因为此时的信和和阜康的关系已经非同一般，成为了实际的生意伙伴，他才不在这笔生意上与信和联手。胡雪岩需要结交新的生意伙伴，他是要把自己在钱庄同行中势力和影响力尽量做大，把市面尽量做大。要做大势力，自然要广交商界朋友，要把关系拉得广。这次有笔生意拉上大源，下次有另一笔生意再拉上另一家，如此类推，时间久了，所有的钱庄同行都与阜康建立了业务关系而且利害相连，休戚与共，此时胡雪岩在钱庄行业的力量自然非一般可比了。胡雪岩是借这笔生意，扩大自己的商业势力，是在为自己营造商场的"势"。

胡雪岩做生意，既时时刻刻注意培植官场势力，也经常地注意培植商场势力，他培养自己在官商两界的势力，实际是增强自己在官商两界的"势"。也是在增强自己势力的一个重要方面。胡雪岩曾说："利与势是分不开的，有势就有利。"他这里说的能借势得利的"势"，其实既可以理解为自己可借助或拥有的官商两界的势力，也可以理解为可以帮助自己驰骋商场立于不败的实力。一个商行、商社的实力，在通常情况下，往往并不仅仅是由资金、不动产来衡量的，无论官场之势，还是商场之势，说到底，都是构成一个商家整体实力的有机部分，是决定商业运作是否能够取得成功的关键。正因为如此，所以胡雪岩十分注重经营官场和商场的势力，他说两种势力他都要，胡雪岩也确实做到了官势、商势两手都要抓，两手都要硬。培植官场势力，是为自己找到可以托靠的靠山，而培植商场势力，实际也是为自己经营靠山。作为一名商人，驰骋商场，毕竟日常所作都与商场有关，只有不断培养起自己在商场的势力，才能够为自己找到另一层的托靠。它可以帮助解决如资金周转，联合垄断之类的商业问题。俗话说："大树底下好乘凉。"商场势力大，可以躲荫凉的地方就更广阔。一般小风小浪，都完全可以及时化解。从这个意义上说，商场势力作为抗御商业风险的屏障，其作用并不亚于官场中的靠山。

当然，从实际的运作过程分析，培植商场势力和培植官场势力的方式是有所不同的。商场势力的形成，主要是通过与商界同仁在生意上的联合，在互利的原则下进行合作。而正因为有这个互惠互利的原则起作用，商场势力的培植过程，常常是双方共同获取实际利益的过程。比如这一次胡雪岩拉上大源钱庄合作承办协饷的生意，就使大源老板孙德庆十分感激，因而忠心耿耿地支持阜康，自动将自己放在阜康的一笔一万两千两银子的款项转成同业长期放款，以表示与阜康钱庄合作的诚意。这件事使胡雪岩答应为麟桂填补亏空的两万银子一下有了着落。

由于双方的友好合作，使胡雪岩为自己营造了商场中的"势"，结交了新的合作伙伴。在这以后，胡雪岩做成的几笔大生意与其同行的鼎力相助是分不开的。

要想成就一番事业，不但需要顺势、取势，而且还要在没有势的时候学会造势，只有这样，才会无往而不胜。

5. 天变人应变

胡雪岩曾有名言："天变了，人应变。"意思是指时势时局变了，人也应做出相应的变化与调整以顺应时局。

胡雪岩做事总是随时而变，见机行事，急缓相宜。生意场上，充满了搏杀，也充满凶险，往往一着不慎，满盘皆输。而且生意越大越难以照应，也就越容易出现疏忽。因此，驰骋于生意场上，不能恃强斗狠，也不能大意粗心。一事当前要谋定后动，未雨绸缪，是生意人一定要记取的。生意场上何尝不是如此！做生意许多时候也必须冒险，要赚大钱常常还要冒大风险。比如大着胆子投资一桩生意，这笔钱投下去，究竟是带来大笔的进账，还是血本无归，总是很难预先清清楚楚地知道的，常常也必须是等到最后才能见分晓。有时即使你做了周密的论证，似乎不会出太大的问题，但实际运作起来，结果却完全不是想象的那么回事。人们常常用战场比喻商场，把冒险投资比喻为"押一宝"，就在于它们之间确实是十分相似，战场、赌场、商场，它们都是瞬息万变、险象环生且吉凶难卜，偶一疏忽往往就因一着不慎而满盘皆输，而且一桩生意的疏忽常常还不仅仅是一桩生意的失败，而是牵一发而动全身，导致全面崩溃。比如胡雪岩对自己钱庄和典当生意的失察疏忽，导致的后果就是一动而全动，一倒而全倒，终至无救。

所以，一个在商战中纵横搏杀的人，必须时刻注意既要胆大还要心细，必须时刻注意提醒自己，要谋而后动，"想停当了再动手"。

如果这些问题"想停当"了，自然也就不妨大胆动手了。

对于搏战于生意场上的人，要学会等待。等待，也就是等待成就一件事成功的机会，等待能助人成功的可乘之势。也就是说，做事情一不可急躁，条件具备时要稳扎稳打，一步一步去做，条件不具备时，则要当缓则缓，当停则停，待条件成熟之后再做。

胡雪岩第一桩生丝生意的运作成功，就可以说是事缓则圆，在等待中寻找战机，得以成功的范例。胡雪岩在湖州收到新丝运到上海，就并没有急于脱手。就他当时的状况而言，他是应该尽快脱货求现的，因为他的钱庄刚刚开张不久，并没有多少可以周转的资金。但他仍然将这批生丝囤积起来。他没有将这批生丝马上脱手的原因，除了洋商开价不够理想之外，更重要的是他要联合同业控制洋庄市场的条件还没有成熟，他运到上海的生丝数量很少，实力还不足以与洋商讨价还价，他必须联合同业才能与洋商抗衡。因此，即使自己暂时压下一笔资金，他也不愿意让自己的筹划落空。他要等待，用他的话说，就是"事缓则圆，不必急在一时"。

商事运作中，经营者的主动性自然是很重要的，优秀的商人要懂得从不同的角度来利用已有的条件，甚至要善于在各种因素不利于自己的时候，设法改变不利因素，使之对自己有利。这就是我们常说的所谓创造条件。

不过，商事运作中所需要的各种条件，有些是可以创造的，比如胡雪岩要控制洋庄市场必须有的联络同行的条件，就可以通过自己的努力来创造，但有些却往往是人力无法创造的，比如在大多数情况下，政局的变化、市场的整体格局，就并不是一个或几个生意人所能决定的。这时候所能做的，往往也只能是等待。这正如古人所说的天时、地利。许多时候，地利我们可以主动选择并加以改造，但天时便往往无法主动选择更无从改造。"草船借箭"中诸葛亮当着孙权与周瑜立军令状时，仍然要了三天的暂缓期限，就是因为他所设计的"借"箭必须有一个江雾弥漫的天气。这既是能不能"借"到箭的关键性条件，又是一个凭人力无法创造的条件。诸葛亮知道三天之后才有一个这样的天气，此时他唯一能做的只能是两个字：等待。

　　有时，我们为一桩生意的成功作出了极为周密的计划，我们也明知道按照计划运作下去一定会得到预期的成果，甚至在初步运作中我们已经收到了初步的效益。但可能就在这个时候，情况突然出现某种变化，原本可以依凭乘借的大势消失了，而且任凭我们如何努力，也终究是人力无法挽回，这时我们所能做的，也只是等待。在耐心的等待中静观形势的变化，在静观形势变化中等待新的机会的到来。这个时候如果不计后果，仅凭意气一心求快，最后结果，一定是如两千多年前孔子说的那句话："欲速而不达。"

　　商事运作，应该学会等待，甚至退让。该等则等，许多时候，冷静的等待其实正是最明智的选择；当退则退，许多时候，退让本身就是求进所必须经过的过程。会等待，知避让，才是真懂进取。从这一角度看，"事缓则圆，不必急在一时"，实在包含了一种深刻的商事乃至人事的辩证，优秀的生意人不能不懂得这其中的辩证。

　　做事没有轻重缓急，就好比"驼子跌跟头，两头落空"，自然是智者不办。

　　胡雪岩确实特别注意不做"驼子跌跟头"的事，直到他面临彻底破产倒闭的最后关头，这一点也是他处理事情的一条重要原则。比如在官府将要查封他的家产的时候，螺蛳太太想要为他匿下一些财产，以做东山再起的资本，他就坚决不同意。之所以如此，当然有他"杭铁头"的性情在起作用。但不能"驼子跌跟头"实际上也是一个重要的原因。在胡雪岩看来，采取这种手段为自己留下资本，就如赌场赖账，赌本是留住了，名声却也臭了，从此连赌场的门都进不了，哪里还有东山再起？既无法东山再起，又坏了名声，如此"驼子跌跟头"，还不如留下一段好名声。

　　总的来说，胡雪岩避免"驼子跌跟头"的考虑，其实关键也就是两点：首先，当处于两难甚至多难境遇的时候，要先分出孰轻孰重，孰急孰缓。在做选择的时候，较轻的事情，可以缓缓的事情当然是先丢开再说。其次，要行事果决，不能优柔寡断。特别是在两件事情一时难以分出轻重缓急又难以两全的时候，这一点尤其重要，因为这个时候最容易犹豫不决。其实，想一想我们就会明白，反正两件事情都重要，那么，你不管做哪件事都是必要的，既然不能两全，那就不如索性放弃一件，全力做好另一件，至少做成一件总比在犹豫不决中两件事情都耽误，或者两件都做而一件都做不好要划算得多。

"时易人亦变"是胡雪岩一步步走向成功和辉煌的一个重要捷径。

学而思之：时变人亦变，与时俱进，方为智者；如果天变了，人还不变，因循守旧，僵守不化，就会被历史和时代无情的所抛弃。

6. 变化之中找出机缘

中国兵法曰："兵无常势，水无常形。"商战与兵战一样，其环境与态势都是瞬息万变的，它时而天高云淡，风和日丽，秋月映湖；时而山雨欲来风满楼，黑云压城城欲摧；时而电闪雷鸣，急风骤雨，天昏地暗。久经沙场的军人或历经起落的商人对此往往是习以为常，他们深信变化是绝对的，不变是相对的，只有无穷的变化，才会有无穷的机缘，无穷的魅力，才会引来无数英雄为之折腰。

然而变化之中有机缘，只说明了机会的存在。而更重要的是在于在变化之中发现机缘、把握机缘。古人云"识时务者为俊杰"，何谓时务？不难解释，时务就是指世事的发展变化态势。识时务，就是指根据这种发展变化态势去寻找把握机缘，决定自己何去何从。

心理学家曾提出 $B = f(P \cdot E)$ 的人行为公式。其中 B 表示不行为；f 表示对这一行为的重视程度；P 表示内在因素；E 表示外部条件。人的行为是内外因素的复合，这内外因素的有机复合必然是人行为的最佳效果，而这内外因有机复合的前提便是独具慧眼识时务，只有识时务者才能产生最有利于成功的行动。

时务学理论认为，任何世事的构成或运动变化都是由系统内外条件和多种因素决定的。当某些条件和因素达到一定的排列组合和结构状态时，只要从系统外部再加入一定的能量、信息或物质，整个世事就会发生结构上的重大变化，而身处局内之人可能就会因此而被卷入这一变化之中。即将发生变化的这一转折点可以称为"事机"。世事的事机对应着的时间数轴上的某一点，被称为"时机"。事机和时机统归于"时务"的涵概之下。时务在事机和时机之上更具有待选择、决策和行动的意味。抓住时机和事机选择、决策和行动，能出现更高的工作效率，不仅时效高，效能大，运动的势能强，而且实现预期目标的可能性最大。任何世事在其发展过程中都存在时机和事机，其对人生选择、经营决策、计划实施等至关重要。能够较准确地识别时机和事机的到来，并据此做出人生抉择，即为识时务的俊杰。

胡雪岩就是善于从商场变化之中寻找出机缘、识时务的俊杰。他说："用兵之妙，存乎一心，做生意跟带兵打仗的道理是差不多，……随机应变之外，还要从变化中找出机缘来，那才是一等一的本事。"当年胡雪岩的生意正在蒸蒸日上之时，太平军攻占杭州，就使他经历了一次大的变故，而且这次变故几乎将他逼入绝境。

这次变故有三个方面：第一，胡雪岩的生意基础如最大的钱庄、当铺、胡庆余堂药店以及家眷都在杭州。杭州被太平军占领，等于他的所有生意都将被迫中断。不仅如此，他还必须想办法从杭州救出老母妻儿。

第二，由于胡雪岩平日里遭忌，如今战乱之中，谣言顿时四起，说他以为遭太平军围困的杭州购米为名骗走公款滞留上海；说他手中有大笔王有龄生前给他营运的私财，如今死无对证，已遭吞没；甚至有人谋划向朝廷告他骗走浙江购米公款，误军需国食，导致杭州失守。这意味着胡雪岩不仅会被朝廷治罪，而且即使杭州被朝廷收复之后，他也无法再回杭州。第三，即使不被朝廷治罪，他也不能顺利返回杭州，因为失去了王有龄这个官场靠山，他的生意也将面临极大的困难。他的钱庄本来就是由于有王有龄这一官场靠山得以代理官库而发迹，而他的蚕丝销"洋庄"，他做军火，都离不开官场大树的荫蔽。胡雪岩那个时代做生意，特别是做大生意，本来就不能没有官场靠山。

不过，面对这一变故，胡雪岩并不惊慌失措。之所以如此，是他从表面对他不利的因素中，准确预见出了可利用的因素：

其一，如今陷在杭州城里的那些人，其实已经在帮太平军做事，他们之所以造谣生事，是因为太平军也在想方设法利诱胡雪岩回杭州帮助善后，而那些人不愿意放他回杭州。他们造谣虽为不利，但却并不是不可以利用。胡雪岩根据这一分析，确定了两条计策。首先，他不回杭州，避免与这些人正面交锋，他知道他的这一态度一旦明确，这些人就不会进一步纠缠；其次，胡雪岩不仅满足他们不让自己回杭州的愿望，而且他还决定自己出面，特别向闽浙总督衙门上报，说这些陷在杭州城里的人实际上是留作内应，以便日后相机策应官军。这更是将不利转化为有利的极高妙的一招——表面上是给了这些人一个交情，暗地里却是把这些人推上一堆随时可以引爆的火药，因为如果这些人不肯就范，继续加害胡雪岩，他可以随时将这一纸公文交给此时占据杭州的太平军，说他们勾结官军，这些人无疑会受到太平军的责罚。

其二，胡雪岩此时手上还有杭州被太平军攻陷之前为杭州军需购得的大米一万石。当初这一万石大米运往杭州时无法进城，只得转道宁波，赈济宁波灾民，并约好杭州收复后以等量大米归还。这也是一个可以利用的有利因素。胡雪岩决定，一但杭州收复，马上就将这一万石大米运往杭州，这样既可解杭州赈济之急，又显胡雪岩做事的信义，诬陷他骗取公款的谣言也可以不攻自破。实际上，胡雪岩不仅在杭州一被官军收复，便将一万石大米运至杭州，而且直接向带兵收复杭州的将领办理交割，这样不单是收到了预期的效果，更一下子得到了左宗棠的信任，将他引为座上客，并委他鼎力承办杭州善后事宜。由此，胡雪岩又得到了一位比王有龄还要有权势的官场靠山。胡雪岩的红顶子也就是这一举措的直接收益。原来看似不利的因素实际上成了胡雪岩日后重新崛起的机会，真可谓把不利之中的有利因素充分利用到了极至。

能如胡雪岩从变化中找出机缘者，可不就是一等一的本事？可不就是一等一的俊杰？

世界之道，变为恒道。世界上的事物和事情总是在运动、变化和发展着的，没有永远静止不动的东西，因此，智者总是从变化中寻找机会和机缘，并调整自身以适应这些变化，最终达到自己的成功。

7. 抓住稍纵即逝的商机

胡雪岩十分重视对商机的把握，他知道，商机有时稍纵即逝，抓住了就可以成功。而如果抓不住的话，以后就不会再有那样的机会，就会与成功交之失臂。

冬日，杭州城天寒地冻，北风凛冽，阜康钱庄却呈现出一片热闹的景象：大厅里一字儿排开一趟火盆，炽烈的薪炭将大厅烤得暖气融融，乌红色的枣木大柜前，十来名伙计忙不迭地应酬着顾客，报账声，算盘声，此起彼伏，热闹非凡。柜台外面，顾客如云，摩肩擦背，喧哗不绝。经过数年苦心经营，胡雪岩的阜康钱庄已经遥遥跻身于同行之首，银钱业务往来超过任何一家钱庄。

胡雪岩坐在太师椅上，这一切繁忙胜景都被他看在眼里，自矜自得，欣慰之情溢于言表。这时，一位顾客递给伙计一张银票，声言要支取现银。伙计接过银票，愣了一刻，随即满脸堆笑，将顾客请进厅堂落座，并沏了一杯上等毛峰。眼聪耳明的胡雪岩见状，知道这个顾客非比寻常，关切地上前询问伙计。原来顾客要支取 5 万两现银，因数额巨大，须到库里搬运，耗费时间，所以便请他入座喝茶等候。

胡雪岩见那顾客行色匆匆，风尘仆仆，料想必是远道而来；又见他双目明亮，眉间一股英气，干练通达，必是场面上混惯的人，想着，便有心试探一下他的底细，右手端着茶碗，三指并拢，大拇指翘起，做出青帮询问的暗号：来者何人？慢慢踱过去。

来客见状，很敏捷地端起茶碗，三指散开，大拇指向下，做出回答的暗号：帮中弟兄。

胡雪岩忙拱手道："这位弟兄贵姓？"

"免贵姓高，弟兄们称我高老三。"

排行为三，显系帮中管理钱财的执事，胡雪岩立刻确定了他的身份，亲切地同他交谈起来。原来，高老三系苏南青帮"同福会"的管家，专司钱财往来，此次到杭州取银子，为了一桩急事。

"银子多了扎眼，路上也不安全，何必一次取那么多。"胡雪岩淡淡道。

高老三道："胡老板说得对，但这笔钱立刻就要分给兄弟们做安家费，不会多余剩的。"

"哦，安家费？"胡雪岩微微有些吃惊，据他所知，青帮弟兄需要流血拼命，才发放安家费给眷属，以使他们解除后顾之忧，甘心赴死。他又道："同福会莫非与人结下冤仇，要开杀戒？"

"胡老板，看在你懂帮规的分上，不妨告诉你，安福会将替太平军护送一批军火从上海到金陵，途中官军重重设防，难免有冲突，所以会里选了百多位敢死的弟兄，去完成任务。"

胡雪岩恍然大悟，青帮与太平军联手办事，是常有之事，大约太平军出价不菲，同福会才甘愿冒险替对方护送军火。

高老三走后，胡雪岩在心里反复掂量着这条有价值信息。太平军和清军对峙多年，军火匮乏，青帮替太平军护送军火，双方都有好处，本与胡雪岩无关，但他像一条嗅觉灵敏的狗，嗅到了其中特别的气味。太平军在上海购军火，必然与洋人洽商，军火买卖向来利润惊人，回扣不菲，这是众所周知的事。胡雪岩十分垂涎军火生意，却一直苦于无处着手，如今凭空知道了这条消息，可谓捷足先登，可以把这笔生意夺过来自己做。想罢，事不宜迟，他立刻打轿赶往王有龄府宅。王有龄听他述说，高兴道："真是踏破铁鞋无觅处，得来全不费功夫，刚才抚台黄大人召见我，商议要海运局拨一笔款子购置500条毛瑟枪，加强浙江绿营军的装备，我正愁差谁去经办，你若有兴趣，可应承下来。"

胡雪岩心算一下，毛瑟枪每枝50两银子，500枝需25000两银子，回扣一分以上，起码可获得3000两银子，是一笔好买卖。当下立刻应允，并请王有龄开了一张3万两银子的官票，预备到上海花费。然后收拾行装，雇了一只小火轮，连夜奔赴上海。胡雪岩之所以这样匆忙，因为他深谙商场如战场的道理，稍有懈怠便坐失良机。胡雪岩算定太平军购军火不会很快，洋商必定讨价还价，延宕时日，把太平军逼到最后关头，好从中敲一笔。从高老三口中，胡雪岩得知太平军欲购的这批军火数量巨大，洋商不可能有现货，待从外国运来时，时间又过去一个月了。俗话说，世事无常。胡雪岩有十足的信心能把这批军火半道易手，为己所用。

没过多久，胡雪岩来到上海，求见上海青帮首领廖化生，说明来意。廖化生笑呵呵道："生意人人做，就看谁占先，凭胡先生的才能，这笔生意非你莫属了。"胡雪岩谦虚道："靠我单枪匹马，万难成功，还望老哥鼎力相助，事成之后，老哥可分三成利润，算是合伙生意。

廖化生喜出望外，没想到胡雪岩如此慷慨豪爽，道："需要我做什么，尽管说，自家弟兄任你差遣。"

"我对洋商所知甚少，请老哥派一个懂行的弟兄陪陪我。"

廖化生沉思片刻，说："眼下有一位弟兄，在洋行当通司，外国话说得流利，深谙洋商底细，就叫他帮助你如何？"

胡雪岩道："最好，最好！"

　　不一会儿，一位弟兄带进一名青年，戴墨镜，着洋装，穿皮鞋，脑后却拖根长辫子，显得不中不西，不伦不类，十分滑稽。廖化生向胡雪岩做了介绍。此人名叫欧阳尚云，在洋行干了多年，懂法兰西语和英吉利语，是上海洋商看重的人物。欧阳尚云操着一口半生不熟的官话，告诉胡雪岩说：因从小就在洋行当小厮，学会了说洋话，天长日久，中国话反而生疏了。胡雪岩见他聪明伶俐，反应灵敏，是个不可多得的人才。暗忖今后得好生待他，以便将来同洋商打交道。

　　第二天，欧阳尚云陪同胡雪岩，前去一家洋酒馆会晤麦得利。一路上，欧阳尚云不断地向胡雪岩介绍洋人的礼节、习惯和规矩，不知不觉地到了酒馆门外，只见身着红外套的黑人在把门，他满脸络腮胡子，模样煞是凶狠。欧阳尚云介绍说是印度仆役，相当于中国的门子。酒馆外面装饰得金碧辉煌，晶莹耀眼，一行巨大的洋文衬在门楣上，类似于张旭的"狂草"。胡雪岩知道是英文"欧罗巴大酒店"。

　　麦得利步出门厅迎接，他身材瘦长，像根晾衣竿，鼻子尖细且弯，令人想到鹰嘴。麦得利爽朗大笑，紧紧抱住胡雪岩，几乎令他喘不过气来，强烈的口臭使胡雪岩头晕目眩。热烈欢迎之后，胡雪岩在餐桌旁就座，开门见山地同麦得利谈起了那笔军火交易。麦得利连连摇头，说已同别人签约，不可失信。胡雪岩说，知道你同谁签了约吗？那可是一伙与合法政府作对的乱民啊。麦得利说自己是商人，商人只管做生意，而不问对方是谁，哪怕是魔鬼。胡雪岩反问对方：知道五口通商的条约吗？那是外国政府同清政府签订、保护外国商人在华利益的，如今你们同反对清的乱民做军火生意，无异于反对中国政府，这就不会受到任何保护。

　　这一席话说得麦得利无言以对。胡雪岩抓住要害，进一步说，如果朝廷得知这笔交易，派兵截获军火，那时你不但血本无归，还要被政府追究责任，利弊如何，不是明白无遗吗。麦得利苦笑着，耸耸肩膀，两手一摊，表示无可奈何。他狡辩说，枪支已经启运，很快到达上海，若中途毁约，将会蒙受巨大损失。胡雪岩告诉他，自己可以代表浙江地方当局买下这批军火，并可提高价格。麦得利双眼一亮，连连点头，表示很有考虑必要。胡雪岩盯住他说，不是考虑，而是必须，否则自己将不惜一切代价，破坏麦得利同太平军的交易。

　　麦得利将信将疑，转向欧阳尚云，询问一下胡雪岩在中国官场上的影响和势力，究竟有多大。欧阳尚云告诉他，中国有句老话，叫做"有钱能使鬼推磨"，胡雪岩的钱财，足以买下浙江半个省的地皮，相当于英伦三岛的其中一个。麦得利惊得张大嘴巴，连连伸出拇指比划，金钱的力量立刻降服了他，麦得利明白同胡雪岩这样的巨富打交道，比同"乱民"太平军来往有利多了。

　　胡雪岩为了确保军火生意顺利成交，特地向麦得利允诺把每支枪价格提高一两银子。麦得利高兴得手舞足蹈，斟满一杯洋酒，同胡雪岩碰杯，庆贺生意成交。从这笔军火生意中胡雪岩轻松地获利5000多两银子。敢为人先，做军火生意使胡雪岩在商业场上领导潮头，踏着风险而一路胜利，挣得大把银子。

　　一个本来与己无关的行业，一个在常人眼中看似不经意的消息，却被胡雪岩从中看出了生财的门路。他通过对时局的分析，再加上他商人的"精打细算"，便看出其中潜在而不可估量的利润。正所谓：生意人人做，就看谁先占。可见，胡雪岩是会抓商机的高手。

第五章　胡雪岩的谋略智慧（上）

1. 凡事要有长远的筹划

一个生意人要想有大的作为，眼光不仅要看得准，而且要超前，要能够看到以后的事情，看出变幻莫测的商海中不可逆转的大趋势。

人们经常把商场比喻成没有硝烟的战场。有时候商场上的拼杀甚至比战场上更残酷、更赤裸，一个没有长远眼光的人是根本无法有所作为的。胡雪岩是一个大商人。商人的眼光，主要是指不断发现、开辟自己财源的眼光。正如要取水必须有水源，要赚钱也先要有财源。立足商界，首先要见识卓远，在商场开拓出一片属于自己的天地，从商业上讲，也就是要能发现属于自己的财源。

发现财源，首先要求商家有长远的生意眼光。商家的眼光一定要远，也就是不能总盯着一门一行，把眼睛盯在眼前利益上，而且要"吃一个，挟一个，看一个"。要能在商海变幻莫测的复杂形势中看出有利于己的大方向，按照这个大方向来经营好自己的财源。

胡雪岩的生丝生意还没有开始运作之前，就洞察到用代理湖州官库的银子贷到杭州，脱手后再解"藩库"银两的商机，这一步可谓之"远"。湖州的公款本来就要解往省城杭州，交付"藩库"，先垫支一下，买丝到杭州变成现银之后再交付"藩库"并不为过。如此一来，死钱变成了活钱，把它作本钱为己所用，何乐而不为呢？

不仅如此，胡雪岩的商业见识还有看得更长远的。在丝茧生意还没开始时，他就想到了和洋人做生意，组织生丝出口，即当时所谓的销"洋庄"。这一次胡雪岩确实把生意做到了国外。

清朝开埠之后，中国与欧美及日本的贸易主要以江南的丝、茶业为大宗，而随着18、19世纪西方纺织工业的飞速发展，生丝需求量日益增大，经由上海外销的江南丝、绸，在整个上海"洋庄"贸易中占有举足轻重的地位。同治、光绪年间仅江苏镇江就以丝、绸"行销于北省以及欧、美、日本者，岁人数百万"。

胡雪岩要和洋人做蚕丝生意的念头，也是起于与杭州丝商有关蚕丝生意的交谈。丝商告诉胡雪岩，销"洋庄"把上万两的丝囤积起来，等价钱上涨时再卖给洋人，所赚极多。只是销"洋庄"需要的本钱太大，并且洋人做生意非常狡猾，表面上与你讨价还价，不断地与你周旋，暗地里又去寻找其他的门路。有些商人因为资本有限，急于将货物脱手，便杀价出售手中的货。这就增加了生丝生意的风险，不但与洋人的生意没有做成，自己的货又砸在手里。因此，销"洋庄"既要有雄厚的资本，又要敢于承担风险的意识。

可胡雪岩不这么想，他想到了"喂"。他认为，做生意就怕心不齐，如果这些专与洋人做丝生意的"丝行"、"洋庄"能像茧行收茧一样，同行公议，定一个价，愿买就买，不愿也不调价，洋人也就只能服帖了。对于那些本钱不足，因周转不灵而急于脱货求现的商行，也有办法。第一，可以出价收购，同样的价格，你若卖给洋人，不如卖给我。第二，对方如果不接受收购，则可以约定不卖给洋人。我这里有钱庄做后盾，可以让你用货物做抵押，贷款救急，洋人就范，货物脱手之后再还。洋庄丝价卖得好，能多赚钱谁不乐意！假如在这样的条件下还有人要把自己的货杀价卖给外商，那就一定是暗地里收受了外商的好处，吃里爬外，自贬身价，可以联合同行和他断绝往来。如此一来，这样的人在同行业中也就没有了立足之地。

胡雪岩的这一构思可谓是有远见、有气魄，他后来在生丝生意上发展证明了这一构思确实是见地不凡而且行之有效。生丝生意开始时，胡雪岩来往于杭州、湖州、上海三地之间，在联合丝行、控制市场、垄断价格上绞尽脑汁精心策划，与外商买办斗智周旋，终于按他的构思做成了第一笔洋庄生意，赚下18万两银子的利润。

从另外一个角度看，胡雪岩通过这笔生丝生意，一方面与丝行巨商庞二结成了可靠的生意伙伴关系，在蚕丝行业建立起了自己的地位。另一方面，通过这笔生意，他和外商取得了联系，积累了与他们打交道的经验，为他后来驰骋十里洋场打下了基础。再一次证明了胡雪岩的商业意识卓远，只有看得远，才能做得大，况且这些实在不是这18万两银子所能够衡量的。

据《光绪实录》记载，"光墉所营以丝业为巨擘，走营出口，几乎垄断国际市场。"1872年，在新丝将出的时候，胡雪岩特地派人去各地收买生丝、江浙各州县无一漏脱，这一年他为了垄断市场收购生丝投入了2000万两资金，使外商"欲求一斤一两而不可得"。在生丝生意，胡雪岩经过几年苦心经营，成为了仅次于钱庄、典当行的重要商务领域，而且一直以外贸为主。正因为胡雪岩见识卓远，生意自然就做到了世界。

　　胡雪岩对整个时事的了解和把握总能够先人一步。所以他总能先于别人筹划出应对措施。有了这一先机，胡雪岩就能开风气，占地利，享天时，逐一己之利。胡雪岩因为占了先机，便能够先人一着，从容应对。一旦和纷乱时事中茫然无措的人们相比照，胡雪岩的优势便显现出来。

解读

红顶商人胡雪岩 下

丁宥允◎编著

中国出版集团

现代出版社

图书在版编目（CIP）数据

解读红顶商人胡雪岩（下）／丁宥允编著. —北京：现代
出版社，2014.1

ISBN 978-7-5143-2148-7

Ⅰ．①解… Ⅱ．①丁… Ⅲ．①胡雪岩(1823～1885) – 商业经营 – 谋略
②胡雪岩(1823～1885) – 生平事迹 Ⅳ．①F715 ②K825.3

中国版本图书馆 CIP 数据核字（2014）第 008559 号

作　　者	丁宥允	
责任编辑	王敬一	
出版发行	现代出版社	
通讯地址	北京市安定门外安华里 504 号	
邮政编码	100011	
电　　话	010 – 64267325 64245264（传真）	
网　　址	www.1980xd.com	
电子邮箱	xiandai@cnpitc.com.cn	
印　　刷	唐山富达印务有限公司	
开　　本	710mm×1000mm　1/16	
印　　张	16	
版　　次	2014 年 1 月第 1 版　2023 年 5 月第 3 次印刷	
书　　号	ISBN 978-7-5143-2148-7	
定　　价	76.00 元（上下册）	

目　录

第五章　胡雪岩的谋略智慧（下）

2. 舍小利而趋大利

胡雪岩在经商中有一个特点，那就是突出一"舍"字。但他的舍，不是没有目的、没有原则的舍，而往往是"舍小利趋大利，放长线钓大鱼。"通过这种舍，他常常赢得了别人不能得到的利益。

胡雪岩创业的第一步是设立"阜康"钱庄。尽管钱庄有王有龄的背后支持及各同行的友情"堆庄"，然而，如何才能在广大储户中打开局面呢？胡雪岩想出了一个"放长线钓大鱼"的妙计。

且说开张那一天，晌午摆宴款客之后，客人相继离去。胡雪岩方静下心思来盘算开业的情况。做生意第一步最重要，要么谋名，要么取利，只有走准了第一步，以后的生意才会水到渠成，不断做大。胡雪岩低头暗自思忖一番，明白做钱庄生意的第一步就是要闯出名头，要让人感到在这里存钱安全，有利可图，如果能做出名气，即使目前舍一点。以后肯定也能财源滚滚。但是怎样才能让名气打响呢？忽然，他脑际灵光一现。立刻把总管刘庆生找了过来，下了一道命令：令刘庆生马上替他立十六个存折，每个折子存银二十两，一共三百三十两，挂在他的账上。刘庆生见胡雪岩迫不急待地要开这么多存折，如坠五里云雾，莫名其妙，但既然东家吩咐，只好照办。

待刘庆生把十六个存折的手续办好，送过来之后，胡雪岩才细说出其中的奥妙。原来那些按他吩咐立的存折，都是给抚台和藩台的眷属们立的户头，并替他们垫付了底金，再把折子送过去，当然就好往来了。

"太太、小姐们的私房钱，当然不太多，算不上什么生意，"胡雪岩说，"但是我们给她们免费开了户头，垫付了底金，再把摺子送过去，她们肯定很高兴，她们的碎嘴就会四处相传，这样，和她们往来的达官贵人岂不知晓？别人对阜康的手面，就另眼相看了。咱们阜康钱庄的名声岂不就打出去了？到头来还想没生意做吗？"

刘庆生心领神会地点了点头，心中暗自佩服胡雪岩做生意的手法。

刘庆生把那些存折送出没几天，果不其然，就有几个大户头前来开户。钱庄业的同行对阜康钱庄能在短短的几日内就把他们多年结识的大客户拉走颇是惊讶，不知所以然。

胡雪岩不只把目光盯着太太、小姐们等上层人物，他还注意吸收下层社会的人物私蓄。他没有忽略社会底层这个重要的顾客群体。他知道，下层社会中，虽然每一个人的私蓄不多，但是积少成多，小河也能汇成汪洋大海。更重要的是，下层社会中有些人虽然地位不高，很不起眼，但是由于他所处的特殊位置，往往在事情的进展中能起到意想不到的作用。这一点被胡雪岩善加利用。

在那些存折中，胡雪岩就特地为巡抚衙门的门卫刘二爷准备了一份。胡雪岩经常出入抚台，跟刘二爷也算是老相识了，而今钱庄开业，他送给刘二爷一份存折，一则算是送给老朋友一份薄礼，二则刘二爷是个守门人，从他眼皮底下来往的有名有姓、有头有面的人物不少，刘二爷的信息十分灵通，以后或许会在某个方面得到刘二爷的帮助。

后来，胡雪岩真的由于一个极其偶然的机会，从刘二爷那里得来了一个非常重要的信息，即朝廷所发的官票。因此，胡雪岩又掌握了一次先机，大大地发了一笔财。这次成功实在应该得益于他当初"舍"给刘二爷的一笔小财。

在寻常眼光的人看来，胡雪岩在经营中的一些做法实在是一些"舍本生意"。但胡雪岩的高明在于，他能看到长远的利益，因此不惜牺牲眼前的小利，而他的投资，往往也都得到了很好的回报。

胡雪岩目光高远、以小诱大的策略还体现在他对待另一件事上。

胡雪岩的阜康钱庄刚开业不久，绿营兵罗尚德便携带毕生积蓄的一万两银子前来存款。罗尚德是四川人，年轻时嗜赌如命，且经常是一掷千金地豪赌。没过几年，罗尚德赌场失意，不仅把祖辈遗留下来的殷实家产输得一干二净，还把从老丈人处借来的、准备用于重兴家业的一万五千两雪花花的白银在一夜之间输得分文未留。老丈人气愤不已，他不想看到自己的闺女跟着这么一个赌徒受苦受累，于是把罗尚德叫来，告诉他，只要罗尚德把婚约毁了，那一万五千两银子的债也就同时一笔勾消。血气方刚的罗尚德难以忍受老丈人看轻自己的"侮辱"，他当众撕毁了婚约，并发誓今生今世一定要把所借的一万五千两银子还清。

他只身背井离乡，辗转来到浙江，参加了绿营军。十几年来，他想方设法，拼命赚钱，而今他已积聚了一万银两之多，但由于太平军的兴起，绿营军随即就要开拔前线，罗尚德不可能随时带在自己身上，他必须找个妥善的放置地方。恰好他听说了胡雪岩的义名，深感可靠，于是就带上毕生的血汗钱前往阜康。

一名普通绿营兵竟有一万两银子的积蓄，这不得不叫人对钱的来路产生疑问。加之，罗尚德存款四年，不要息，只要保本就行，这更令人疑窦四起。店堂的总管不敢轻易作主，深怕钱的来路不明，惹了官司，赔了本不说，还砸了钱庄的牌子。只好给胡雪岩报告情况，让他拿主意。

胡雪岩听说这件事后，知道其中必有隐情，他叫上罗尚德到屋里摆上一碗。酒过三巡，胡雪岩和罗尚德就开始了推心置腹的谈话，罗尚德见胡雪岩如此豪爽，果然名不虚传，便把自己的经历与想法和盘告诉了胡雪岩。

胡雪岩听说之后，当即表示，四年后，罗尚德回来取款，连本带利一万五千两银子，分文不少，其付出的利息已远远超出了平常的存款；若罗尚德不幸回不来，胡雪岩亲自去他丈人家交还这一万五千两银子，以了却他的承诺。

凭这几句话，罗尚德就为胡雪岩的侠义气慨佩服得五体投地，他连存折都不要，就离开了阜康钱庄。

若以平常眼光来看，胡雪岩的这一慷慨之举似乎失当。然而，它带来的广告效应马上就显露出来了。胡雪岩的侠义，很快就得到了回报。罗尚德到绿营军，把自己到阜康钱庄存款的事告诉其他士兵后，这些即将出征的士兵纷纷把自己的积蓄都存放到了胡雪岩的阜康钱庄。短短几天时间，阜康钱庄就收集了这类存款三十万两之多，一下子就解决了钱庄新开业，家底不厚的问题。

在现代经营中，许多优秀的管理者都具有这样的敢于吃一时之亏的精神。他们的睿智，表现在目光长远，不为一时利益所限，最终得到了丰厚的回报。

郑州亚细亚商场有一个赔钱公司，名叫"售后服务公司"。

这个公司实行单独核算，但商场对它的考核不是看赚了多少，而是看它赔了多少，直到把拔给的经费赔光，那便是最佳效益了。

商场每天售出百万元左右的商品，只要顾客向总服务台提出送货要求，这个公司便提供免费送货服务。四辆厢式货车马不停蹄，每辆车每天在市内大街小巷至少要跑 120 公里。司机从来都是上大班，每天工作十小时以上，曾经创造了四辆车一天免费送达价值 20.76 万元的大件商品。

顾客买了大件商品，最担心出毛病，但在亚细亚买的东西一旦出了毛病，一个电话，维修队便会骑着摩托车上门免费维修。维修队不仅技艺精湛，而且装备精良，可以在顾客家里充氟利昂，焊接创口。

买了不称心的商品，是顾客最烦恼的事。这也不必急，可以到售后服务公司去投诉。开封一位顾客买了两套裙裤，营业员一时疏忽把挑剩下来的商品装进了袋里。顾客第二天返回商场投诉，要求退货并报销路费。第五天，投诉站站长和部门经理专程到开封向顾客赔礼道歉，并赔偿损失一百元，顾客深受感动。

亚细亚商场常务副总经理韩梅说："虽然售后服务公司是赔钱公司，但商场 1993 年销售额达 3.2 亿元，在河南名列前茅，居全国第 36 位，这赔与赚之间有着一种必然的联系。"

商人做生意，最重要的是打开局面。要打开局面，诱以小利不失为一个有效的方法。虽然表面上看来赔了，但是其影响与作用却是深远的。然而，只有像胡雪岩一样目光远大的商人才能看到这一点，这就是商人最大的智慧。

3. 善于用钱生钱

从某种意义上说，融资的目的是为了投资。投资适当、正确与否。直接关系到企业的经济效益。因此，投资是理财的第一要务。

任何投资就终极目的来说都是为了实现投资最大收益，即企业价值或股东财富最大化，那么企业如何把资金用在"刀刃"上，使其发挥最大的经济效益呢？我们经常听有经验的企业家告诫说："不见兔子不放鹰"、"不要把所有鸡蛋放在一个篮子里"，如此等等，其实说的都是投资技巧问题。

商业投资，利益与风险同在。为了降低投资风险，一个有效的办法就是多元化经营。

所谓多元化经营就是不把投资资金集中投资在一个项目上，否则一旦该项目失败，就会造成全军覆没，投资就会全部遭受损失。而把投资投放在不同的项目上，其中有的风险小，有的风险大，这样一旦风险大的项目投资失败，所遭受的损失可以由获利的投资项目抵补，一旦风险大的投资项目成功，则可以获得高额投资利益。这是一个投资组合问题，也是我们通常所说的"不要把鸡蛋放在一个篮子里"的原因，在这一点上，历史上做得最为出色的恐怕莫过于被誉为"红顶商人"的胡雪岩了。

第一桩销洋庄的生丝生意做成之后，在筹划投资典当业、药店的同时，胡雪岩还想到另一项与国计民生有关的大事业——他准备利用漕帮的人力、漕帮在水路上的势力以及他们现有的船只，承揽公私货运，同时以松江漕帮在上海的通裕米行为基础，大规模贩运粮食。

胡雪岩要为自己打开水路货运和粮食买卖这两片前景广阔的天地。

翻翻历史，我们就可以知道，上海成为中国近代最大的贸易口岸，实际上也就是以海运、河运的大力发展为龙头的。当年中国商办公司与洋商之间第一次最大规模的"斗法"，就发生在中国"官督商办"的轮船招商局和英国恰和、太古轮船公司、美国旗昌轮船公司之间，"斗法"的焦点即是争夺水运利润。仅从这一点，我们就可以想见投资水路货运在当时的巨大前景。

撇开这一点不说，胡雪岩要投资大规模贩运粮食，本身也是一桩有大利可图的事业。这桩生意有利可图，是因为此时已经具备了三个条件，这三个条件都与时局有关：

其一，时值太平军沿长江一线大举进攻东南，战乱之中，大片田地撂荒，粮食出产锐减，正是乱世米珠薪桂之时，贩运粮食必然有利可图。

其二，兵荒马乱，战事迫近，或稻熟无人收割，或收割之后又因交通不便无法运出来，白白糟蹋。而漕帮既有人手又有水路势力，此时组织起来贩运粮食，天时、地利、人和都占全了，弄好了就是没有竞争对手的"独门生意"。

其三，官军与太平军必有一战。常言道"兵马未动，粮草先行"，粮食对于交战双方都是大事。双方在同一块地面上拉锯，如果抢运出粮食，不让太平军得到，进出之间关系极大，必然会得到官军的支持，粮食贩运也会顺利许多。

有如此三个条件，这桩生意可不就是必定有利可图了么？

在这兵荒马乱的年月，一般商人大约更多地想到是收缩，而胡雪岩却始终想到的是发展，并且总能在乱世夹缝中为自己开出一条条的财路。胡雪岩不断为自己寻找投资方向，并且敢于大胆投资的气魄，的确让人钦佩。

胡雪岩曾经有过一种很是大气的宣示："我有了钱，不是拿银票糊墙壁，看看过瘾就完事。我有了钱要用出去！"生意人就应该有这股子大气。有了钱就用出去，也就是用钱去赚钱，用钱去"生"钱，用现代经济眼光看，就是学会并且敢于投资，在不断地赚钱的同时，也要不断地以投资的方式去扩展经营范围，去获取更大的利润。没有能力准确发现投资方向，或者不敢大胆投资的人，换句话说，有了钱不想着用出去或不敢用出去的人，决不可能成为一个能够在商场上纵横捭阖、叱咤风云的大实业家。

纵观胡雪岩的发达过程，他能由白手起家，不几年间便至豪富，以致成为中国历史上第一位也是唯一一位"红顶商人"，很大程度上就是因为他总是不限于一门一行，总在为自己不断地开拓着投资方向，并且看准了就大胆投资，没有丝毫的犹豫。比如在钱庄刚刚起步之时，便开始以有限的财力筹划投资生丝业务；比如根据上海向国际贸易金融大都市发展的趋势，毫不犹豫地在上海买地建房，投资房地产；比如根据世情时局，投资药店、典当业……。在胡雪岩的鼎盛时期，他的生意范围几乎涉及到他所能涉足的所有行当，长线投资如钱庄即金融、生丝生意即贸易、药店即实业，以及典当业、房地产等，短线投资如军火、粮食，所有这些生意在当时条件下都是能赚钱，而且能赚大钱的生意。很显然，胡雪岩如果没有那种有了一定想方设法用出去的大气，如果死守自己熟悉的钱庄生意而不思开拓商务领域，他的事业决不可能如此轰轰烈烈，成为清代第一富商。

4. 以退为进，成就大局

古人云：退一步，海阔天空。做人就要懂得必要时需"忍"，"忍"有时可以使你减少许多不必要的麻烦。有退才有进，"卷土重来"一定会有一番新的天地，此为上上策。胡雪岩一生中，无论在商场中，还是在官场中，待人接物都能做到主动忍让，成就大局。

其中最值得一叙的是他对张秀才的拉拢和成全。

张秀才在杭州城中算个不小的角色，平时自以为是衣冠中人，可以走动官府，包揽讼事，说合是非，是个欺软怕硬的货色，十分无赖。曾因为一件事情使他对胡雪岩非常嫉恨，此后于胡雪岩或明或暗对着干。说到互相结怨的事，其实只是张秀才对胡雪岩的不满，胡雪岩并没有得罪张秀才半点。那次王有龄坐镇杭州，推行改革旧弊。当时有一项对新开店铺征收规费的税，王有龄锐于政事，认为此税不该收，于是贴出告示，永远禁止。钱塘、仁和两县的差役，心存顾忌，但不敢乱来，一时敛迹。但巡抚、藩司两衙门，自觉得靠山很硬，不买知府的账，照收不误。不过自己不便出面，便指使张秀才去收这种费，讲明三七分账。谁知运气太差。张秀才收税之时正巧碰到知府大人王有龄的轿子路过，王有龄见有人争吵，下轿一问，原来是此事。在他张贴布告的当日就敢如此大胆，于是勃然大怒，决定严惩张秀才，王有龄将张秀才厉声斥责了一顿，一定要革他功名。这一下子张秀才吓破了胆。一革去秀才功名，便成白丁。

张秀才左思右想只有去托让王有龄言听计从的胡雪岩，于是带着老婆儿女到胡雪岩处跪地求助。胡雪岩也是一时大意，只当小事一件，顺口答应下来，保他无事。哪知王有龄执意要按自己的意思办，说这件事与他的威信有关。当时王有龄正处于建立自己的威信时期，如何肯就这样草草了事？说之再三，王有龄算退让一步。本来要革他功名，打他两百板子，枷号三月。现在看在胡雪岩的分上，免掉他的皮肉之苦、出乖露丑，秀才却非革不可。

谁知，对胡雪岩的帮忙张秀才并不知详情。以前答应他包他无事，谁料竟是这种结果。于是认为胡雪岩不肯尽力，搪塞敷衍。从此怀恨在心，处处与胡雪岩为难。

胡雪岩当时回杭州，正逢要收复杭州之时，胡雪岩此时想的就是收服此人，让他做个攻城时的内应。要收服人首先就必须摸透此人的脾气，这一切都交给开路先锋刘不才去办。

根据刘不才的调查，这张秀才天不怕地不怕，除了官就怕他儿子小张。小张吃喝嫖赌，一应俱全。张秀才辛辛苦苦弄来的几个钱，都被宝贝儿子弄得满天飞。

胡雪岩根据这一点，想了一套办法，让刘不才从小张身上下手，收服了小张，张秀才就不得不就范。刘不才赌场上关照小张，获得其好感。于是找借口与小张单独会了面。会面时，刘不才带去了最时兴的从上海带回的巧妙之物，惹得小张爱不释手，刘不才慷慨相赠，但却说是一朋友相赠的，这个馈赠定物的朋友当然就是胡雪岩了。

胡雪岩后来还托刘不才带给张秀才消息，让他准备好自己的前途，并且送去保举书，答应事成之后保举他一官半职。并且重新解释当时那场误会，待得张秀才明白原因，隙愤顿时烟消云散。

诸事顺利，蒋益澧攻城之时，张秀才父子因为打开城门迎接官军有功，使小张获得了一张七品奖礼，并派为善后局委员。

在这件事上，胡雪岩先委曲自己，忍一时之气，派刘不才从张秀才之子小张入手，以大局为重，晓之利害，以求一事之全。

一般人或许对张秀才这样的"梗子"是不会考虑要请他做内应的。但胡雪岩不仅做了，而且做得相当好，还收了帮手小张，与他一起处理杭州城内的善后事宜。

以大局的眼光，会发现私人的恩怨实在不算什么，以大局的利益为重，对对方晓以利害，一般也会将一切误会和歧见消失于无形之中。能容忍别人的一次小过失，别人就会以他的一技之长来回报你。能消除对别人的恩怨，别人就会拼了命来报答你。这种回报和报答的心情是那样的迫切，以至只要碰到机会。他就一定会一展身手，只要有效力的场合，他就会拿出他的全部力量，以完成其事。

学而思之：俗话说："忍一时可风平浪静，退一步可海阔天空。"忍让并非就是怯弱的表现。以退为进，实际上是一种具有深远宏大眼光的策略。更何况，"忍"在我国历史上一直为许多文人视为修身养性之本。凡做大事者，必须学会以大局为重，居高临下看问题，忍一时之气，求一事之全，又何乐而不为呢？

5. 做事要留下退路

世界之中，事物之间总有一种千丝万缕的内在的必然联系，而且彼此总是互用互变的。胡雪岩行世经商有着非常灵活的手腕，并且做事长于变通。胡雪岩说："犯法的事，我们不做。这是因为，朝廷王法是有板有眼的东西，他怎么说，我们怎么做，这就是守法。如果他没有说，我们就可以照我们自己的意思做。"

胡雪岩认为，无论做事还是经商，都应学会掌握与运用机变与权变之理，在任何时候任何情况下都应该时时注意给自己留下退路，这是一个高明的商人在每一次出击之前都必须深思熟虑的问题。

人的认识过程是漫长的也是无限的，但是人的认识能力却是受外界条件和个人能力的约束，认识能力是有限的。

正因为人的认识能力存在一定的局限性，才使得人们对身边事物的认识有限，使得人们考虑问题难以周全；同时，由于人在社会生活中的地位和处境是在不断的发展和变化的，在这些变化中，其中有些变化是可以预见，可以把握，但更高更深的变化并非如此。因此，人在考虑问题时就应该多做几手准备，为自己留下一条能够保全的退路。

生意场上瞬息万变，许多事情都难以预料。因此，再有本事、实力再强的人，都无法保证自己做生意从不会失手。生意场上的每一桩生意都需要参与者承担一定的风险，并且生意中获利多少与所冒风险的大小成正比，生意规模越大，获利越大，风险也就越大。

承担着风险，就要做好"万一出事"的思想准备。因此，大凡聪明的生意人在一桩生意投入运作之前，就已经开始想着为自己留下一条切实可行的全身而退的路。

在胡雪岩的生意由创业而至鼎盛的过程中，他所从事的每桩生意的运作，就都既敢于冒险，也特别注意为自己留下一条安全的"后路"。

比如钱庄生意主要是通过兑进兑出以获取商业利润。兑进，自然是吸收客户的存款以作资本，而兑出则是放款，也就是现在的发放贷款。兑出是赚借贷人的利息，自然是利息越高越好，兑进要钱庄向客户付出利息，自然是越低越好，最好是不要利息。表面看来钱庄这种生意只要把握时机，随市面行情变化，根据银价的起落浮动调整好兑进兑出的利率，钱庄就可以稳稳当当坐收渔利。这种将本求利，平平淡淡比较稳妥的运作方式当然也可以，但终归不是做钱庄生意的"大手笔"，很难赚取更多的利润。而要赚大钱，做大事业，就必须做"大手笔"，而要做出"大手笔"，兑进兑出都会有风险。

从兑出说，如果钱庄放出的款要高利收回，就要找大主顾。大主顾做大生意要大本钱，因为大主顾的大生意能有大利润也就不在乎借款利率的高低，向这样的主顾放款，自然收回的利也就高。但钱庄的老板也应该注意到这个问题，借贷者的生意获利越大，所担风险也大，款放给他们，自己也要担风险。万一对方生意失手，血本无归，自己放出去的款也就可能不仅收不回高额的利息，连本钱也无法收回，一笔放款也就等于放"倒"了。比如在朝廷与太平军交战的兵荒马乱年月，米商借款贩运粮食，获利就极大。获利极大，风险也极大，朝廷与太平军交战，土匪出没，运粮途中险恶，米商随时都可能血本无归，放款给他们就不能不考虑考虑。

从兑进说，当然最好是有大客户，且大客户的存款不要利息。这种情况不是没有，有些风险很小。比如胡雪岩受王有龄的关照代理官库。有些则会担很大风险。比如太平天国失败之际，胡雪岩的阜康钱庄私下接受太平军逃亡兵将隐匿私财的存款。太平天国被镇压之后，朝廷自然要追捕"逆贼"，按惯例要抄没他们的家产。如果有人与阜康钱庄为敌，走露代理太平军存款的风声，朝廷万一追查"逆产"到钱庄，钱庄就必须报缴官库，还有可能被以"助逆"治罪。但是如果被捕的太平军遇赦开释，来钱庄要取回自己的存款，按规矩钱庄必须照付，而存款又上缴官府，这样一来对于阜康钱庄来说也就必然要鸡飞蛋打，吃"倒账"认赔钱了。

既然钱庄银两的兑进兑出都要冒险，也就都要事先想好退路。向在兵荒马乱年月贩运粮食的米商放款，利润大，胡雪岩自然也做。但他确定了一个将风险降到最小的原则，那就是要先弄清楚，米商的米要运到什么地方去。运到官军占领的地方，途中较为安全，生意风险小，可以放款给他。但要是运到有太平军的地方去，途中险恶，风险极大，就不能放款给他。这就是为自己的钱庄发展着想，留下退路。因为钱庄放款让米商运米到官军占领的地方，万一放倒，别人可以原谅，自己不至于名利两失，还有东山再起的机会。而如果放款让米商将米运到有太平军的地方，万一放倒，别人会说你帮"长毛"，吃"倒账"活该，那也就将自己逼上了绝路，永无翻身之日了。胡雪岩也做了从太平军逃亡兵将"兑进"的生意，做这生意时，他早准备好了应对之策，为自己留下退路。那就是一旦有了泄露消息，官府追查，自己也有话可以对付："他来存款时隐匿了身份，头上又没有'我是太平军'的标志，我哪里知道他是逃亡兵将？"这样一来至少可以自己洗脱助纣为虐的罪名，不至于走上连坐治罪的绝路。

从胡雪岩做生意深谋远虑的例子中，我们可以看出，为自己留下的"退路"具有两方面的作用：

首先，它是能够在万一出事之后还有部分挽回的余地，也就是一种能保存自己的实力，能让自己东山再起的余地。凡事留有退路，就可以使自己虽败不倒，自己"就还有从头再来的机会。"

其次，它是一种可以预见的冒险的担保。可以相应地降低风险和损失，也就是当可以预见的险情真的到来的时候，自己不至没有应对的手段而举措失当。

胡雪岩做事，能够深谋远虑，十分地注意未雨绸缪，为自己留退路。可惜的是，在胡雪岩后期的事业中，他在一些重大问题和事情的处理上，一方面由于社会环境、官场斗争等客观情势的限制，一方面由于他的用人不当与失察，也更由于他自恃实力雄厚，反而把这一条驰骋商场必有的原则忽略了，以至于最后在挤兑风潮来到之时，没有及时有效的应对策略，终因无救而导致自己辛勤一生积累的巨大家业彻底崩溃。

既然生意场上，无时无刻不承担着风险，就要做好"万一出事"的思想准备，因此，作为一名成功的商人，一桩生意投入运作之前，要想着为自己留下退路。

6. 善于使用连环手法

伟大的哲学家休谟曾经说："一切都是有联系的，没有联系就没有事物的存在。"休谟在这里揭示出了一个真理，即事物间的联系是普遍的客观存在着的。

既然万物是普遍联系，那么思考问题、处理问题则必须在相关性、连环性背景下进行。由而引出的一个方法论是连环方法论。在谋略上则引申出连环计。这都是基于万物间的联系客观的存在的哲学原理。连环计，环环相扣，一环都不能松，一环都不能失败，否则整个计谋都将失败。这充分反映了事物的联系、相关性的哲学理论。

胡雪岩就是一个十分善于施展连环计的商界高手。典型一例就是在与"隆昌"米行斗法的过程中。

在"隆昌"米行，谭柏年不是老板，胜似老板，真正的老板名叫石三官，远在苏州乡下，是个纨绔。父亲死后遗下一大笔财产，又继承了年代颇久的一家老米行。石三官喜欢斗鸡走马玩蟋蟀，疏于生意买卖，便把米行一切事务交给舅舅谭柏年，委托他全权处理一切，连账本也不过目，每年只须按时交付赚来的银子，便不过问。谭伯年得了授命，仗着长辈关系，在米行中行使老板权利，对伙计十分苛刻，店里上下没有一个不惧他的。

有一天，谭柏年用过早餐，吩咐备轿，去"福轩"客栈会一位重要的客商。一路上，谭柏年脑中飞快盘算，思考见面时要做的事。今岁苏州乡下风调雨顺，谷米丰收，隆昌米行趁机敞开收购，仓房里屯集了上万石新米，需要寻找买主。谭柏年干米行生意，屈指算来已有30多载，精通业务自不必说，做米生意的各种奥秘亦了如指掌。

　　论谭柏年的资历和才干，本可以开一家米行，做真正的老板，但命运偏偏与他作对，家道本属小康，一场突如其来的兵火，房屋财产付之一炬。沦落到给人帮工的地步，慢慢爬到米行档手，所靠的几位老板相继破产，谭柏年惶惶如丧家之犬，不断寻找新的避难所。幸而上苍有眼，天不灭曹，外甥石三官聘用他做"隆昌"档手，无比信任。谭柏年蛰伏多年的念头又萌动起来。尽管在隆昌，大小事情他说了算，但还不是真正的老板，辛辛苦苦赚来的银子必得如数交给石三官，他心里就发痛。外甥待他不薄，年俸可观，外加不少红利，但终究不是自己的米行。谭柏年打起"小九九"，要做老板，得靠自己的手段，账目上做手脚，略施小计，石三官看不出来，这里头揩的油，抵得上两三个档手的年薪。但雕虫小技，难成大器，真正大把捞进的机会在于存米销出的方式。

　　谭柏年此刻便是寻找这种机会。

　　昨日，山东米商潘家祥抵达上海，谭柏年闻讯前去码头相迎。他俩是老相识，言谈之间，谭柏年得知对方有意要在上海收购大批谷米，运往北方。此前，潘家祥见到《申报》刊登快讯，知道齐鲁适遇大旱，庄稼歉收，急需大米救灾。两相应证，潘家祥肯定要做一笔大生意。上海米行林立，各家竞争激烈，这块肥肉到底落人谁家之口，尚难料定。谭柏年决意拼力一争，做成这笔生意。

　　凭经验，谭柏年知道潘家祥本钱雄厚，不屑于做零碎买卖。与小本米行锱铢必较，费力费神，且不能满足需要，能看得上眼的大米行，在上海不过三五家。谭柏年把几家米行加以排列，估量实力，隆昌属前三名，可以力争。谭柏年同样喜欢做大买卖，报损率高，回扣可观，一笔生意下来，除了应付石三官，自己还能落下一笔银子。

　　然而，见到潘家祥之后，潘却说他已经与胡雪岩已经签订了契约并将契约掏给谭柏年看。

　　谭柏年只瞅了一眼纸上"胡雪岩"三个字，便明白对方说的是实话，敢于把这事告诉他人，证实这桩买卖已铁板钉钉，笃定泰山，不会生变故的。谭柏年霎时充满失望之感，心里暗骂：姓胡的忒狠毒，竟把手伸到上海，虎口夺食！

　　胡雪岩在浙江把持海运局，改漕运为海运，干得相当成功，商界尽人皆知。但没想到他会在上海米行中抢生意，谭柏年事先排定的上海各家米行名单中，偏偏没有想到过胡雪岩。这是因为胡雪岩的海运局主要收购谷米北运，与潘家祥干同样营生，而非售米。这真是半路杀出个程咬金，令谭柏年的如意算盘落了空。按他的筹算，隆昌米行的存米全部出手，他至少可得2万银子的外快，而今却打了水漂儿，怎不叫谭柏年锥心般刺痛。

　　于是谭柏年使尽了伎俩，废尽了口舌，终于使潘家祥毁了约。

　　胡雪岩很快得知潘家祥毁约的消息，他不因为对方愿付一笔罚金而高兴，反而陷入莫名的烦恼之中。

　　潘家祥听了谭柏年的挑唆，只知其一不知其二。胡雪岩此番抛售大米，的的确确想做一次米行生意。生意若要做活，必出奇招，改变套路，抓住机会，才有所获。海运局向来只购不莱，给人印象属官办机构，赢利不多。今年浙江谷米丰收，米价狂跌，胡雪岩知道北方连遭旱灾，粮食紧缺，于是当机立断，一改通常惯例，大量收购新谷，寻找米商脱手，打一次奇袭战，赚一笔银子，再转入常规运作。

　　在这次行动中，胡雪岩迫切需要寻找大宗买主，迅速成交，否则拖延日久，与同行产生竞争，难以脱手，待到海运季节一到，只得启仓北运，剩下的谷米只好屯集翻年，落个鸡飞蛋打一场空。所以胡雪岩必须卖了新谷腾空谷房，再购谷米应付海运，计划才算圆满完成。

潘家祥的毁约，令胡雪岩尝到了失败的滋味，倘若再传到圈内人中间，有损他的信用。潘家祥系山东富商，垄断了北方民间粮米市场，在商场中具有举足轻重的影响，而胡雪岩向来以诚为本，视信用为生命，如今不能取信于潘家祥，有何面目见商场同仁？

于是，胡雪岩打定主意为自己的利益而战。他沉思了一刻，便想出了一套连环计，接着他就环环实施。

第一环：寻找谭柏年的弱点。

俗语云：苍蝇不叮无缝的蛋。胡雪岩在商场征战半辈子，极善于抓住对手的弱点和疏失，予以痛击，无往不胜，十分灵验。凭他的直觉，谭柏年身为隆昌米行档手，老板不在店内主事，他必然营利舞弊以售其奸。天下谁人不愿当老板？世上哪个不爱金钱？石三官放任谭柏年作主张，岂无肥私劣迹？

胡雪岩搜索枯肠，细细回想与谭柏年曾经做过交易的每一个情节。如果换成其他人，早已把这些陈谷子烂芝麻的事忘得一干二净。但胡雪岩毕竟是胡雪岩，他记忆力惊人，如电火闪烁，忽然记起一个情节：当时同谭柏年讨价还价时，谭柏年并不在意谷米的价码，只是要求按一厘二的回扣，把钱存到"裕和"钱庄户头上。胡雪岩敏感地觉察到这笔钱存得蹊跷，若是替主人赚的钱，必然随大笔米款同存人一个户头。分开来的目的，说明谭柏年私吞这笔回扣银，而石三官毫无察觉。生意场上，档手欺骗东家，"账房吃饱、老板跌倒"，这现象比比皆是，胡雪岩见惯不惊。以此观之，谭柏年单是从售米私吞的回扣，当不是少数。可以推测，此次潘家祥毁约、与隆昌成交，谭柏年必然竭尽底毁诽谤之能事，而为一大笔回扣力争，使他获得成功。

胡雪岩有些兴奋，他自知抓住对方狐狸尾巴，只须用力拖拽出洞，使其真面目大白于天下，则可战而胜之，挽回败局。

第二环：抓住谭柏年的把柄。

胡雪岩以存入 20 万两银子为条件，让资金紧张的裕和钱庄的档手谷真豪把隆昌米行档手谭柏年在裕和的存款数目告之。谷真豪果然送来明细账，秀丽的小楷，把谭柏年每次存银的数目、日期誊写得一清二楚，明白在目。

胡雪岩大喜过望，立刻按谭柏年每次存银的数目，推算出隆昌近年来的生意情况，隆昌米行再无秘密可言，而谭柏年从米行中攫取的不义之财也暴露无遗。

第三环：入股隆昌米行。

胡雪岩用计假冒裕和之名，将谭柏年在裕和的存银和利息结算账单故意误送至老板石三官处，使隆昌米行的老板石三官知道了谭柏年的所做所为。胡雪岩又找到了石三官，以入股三成、负责米行事务为条件，帮助石三官整顿米行挽回损失，获得石三官的允许。

第四环：收服谭柏年。

胡雪岩把谭柏年的罪证出示，并说：要么把谭柏年送官处置；要么改跟他安心管理米行为他奉差，而且俸银必翻番，二者任谭柏年选择。在胡雪岩威逼利诱下，谭柏年无路可走，只好打定主意，死心塌地替胡雪岩效力。胡雪岩教他听候待命，不要轻举妄动。原来胡雪岩考虑到潘家祥既然敢毁约，一定对胡雪岩的信用产生了怀疑，贸然劝他信守前约，必遭碰壁，唯有设下圈套，令他钻入，不得解脱，情急之中，才可乖乖就范。

第五环：对付潘家祥。

潘家祥并不知道隆昌米行的变故，他绝对信任谭柏年。签约付定金后，潘家祥急忙返回山东，寻找销售谷米的合作伙伴。其时，北方数省旱灾严重，庄稼连年歉收，饥民成群，已出现"吃大户""抢公仓"的情形。捻军、白莲教等团体乘势号召天下，揭竿而起，攻城掠地，对抗官府，局势危如垒卵。

朝廷严令各省抚督开仓赈灾，安抚饥民，以防民变。

潘家祥看到这种情景，心中暗喜。饥民愈多，谷米愈不愁销路，正可屯货居奇、待价而沽，谋求最高的价钱抛售出去。

潘家祥正在物色代理商，胡雪岩请的一位官大人翩然来访，此人自称主持直隶粮道，急需购进大批谷米，缓解直隶灾情。潘家祥知道他说的是实情，几天来，前来拜访的粮道官员接踵而至，都企望潘家祥这位粮商提供米源，盖因朝廷公仓空虚，漕运迟迟不至，远水不解近火。官府出价太低，差强人意潘家祥未便慨然相允。

这位粮道大人焦急不安，出手不凡，愿以每石 15 两银的价码，购买 2 万石谷米。潘家祥估算一下，这价码已高出进价近两倍，除去运费打杂开支，这笔生意可净赚 10 多万银子。他暗自高兴，却不形于色，大叹苦经说："江南战乱仍频，谷价腾贵，购之不易，路途迢迢，成本高昂，我已蚀不起老本，不敢多做了。"

粮道大人知道他在讨价还价，索性每石再添 2 两银子。潘家祥见火候已到，决定成交。

签约付定金后，粮道大人意味深长道："救灾如救火，还望潘公信守合约，按此交割，耽误了公事，可不是闹着玩的。"潘家祥拍住胸脯说没问题。当下潘家祥乘小火轮飞快回到上海，等谭柏年如期交米。他已雇下快船 20 多只整帆待发，万事俱备，只等装船启运。

眼看第二天便是行期，隆昌米行毫无动作，船老大来客栈见潘家祥，询问哪天装船。潘家祥正在吞云吐雾，闻听此言吓得没了烟瘾，一骨碌从榻上翻下来，心急火燎，打轿到隆昌问罪。谭柏年一迭声致歉，言称米行已换了老板，他作不了主，凡事可问胡雪岩。潘家祥正要发作，只见胡雪岩背着双手，踱出内屋，他便明白了：原来中了胡雪岩的圈套。交粮日期迫近，另找米行已来不及，倘若误了期限，粮道大人是胡雪岩的至交，岂能轻饶了我？潘家祥愈想愈怕，惊出一身冷汗。到此时，潘家祥只好服输，以每石 20 两银子向胡雪岩买了 2 万石米。由此一算胡雪岩反败为胜，并且净赚了 10 万两银子。

由上观之，胡雪岩的连环计可谓用到了家，所以胡雪岩说："用连环计，要计计相连，环环相扣，滴水不漏，方能有效。"

7. 放长线才能钓大鱼

精明的生意人从不在第一笔生意上赚取别人钱财，而是巧用鱼饵，通过让利、促销等手段来引导消费、刺激消费。"要想取之，必先予之"，做什么生意，都应遵循这个经商之道。以小赚大，以少敛多，让更多的人知道这个牌子后，再靠货真价实的产品去赢得消费者的青睐，这才是商家的明智之举。

杭州城被朝廷由太平军手里夺回之后，左宗棠把战后处理工作交给了胡雪岩。正当胡雪岩忙于此事之际，杭州城里来了一位洋人，并且指定要见胡雪岩。胡雪岩暗自惊讶，迎出来一看，原来是驻扎在宁波的"常捷军"法军军官让内。在收复杭州城的时候，常捷军曾立下了汗马功劳。

那个时候，胡雪岩受左宗棠之托，负责联系洋人，尽可能地从他们那里弄到开花炮，因为杭州城高墙坚，如果硬冲，枉耗人力。胡雪岩因为有钱庄在宁波，和那里的洋人有一定的交情，所以能说得上话。

胡雪岩领命后，辗转来到宁波，找到法国人让内，只要中国出钱，洋人没有不答应的，况且胡雪岩向他保证，杭州城的太平军早已成了惊弓之鸟，只需借重他的洋枪洋炮一吓，自然土崩瓦解。于是让内领头，带着一支约二百人的洋枪队，各国人都有，号称"常捷军"，直开杭州城下。果不其然，这支洋枪队没有任何伤亡，只是多耗十几箱炸药子弹，便把杭州城拿下。让内欢天喜地，回到宁波，在胡雪岩的钱庄里支取了全部佣金。

"天有不测风云，人有旦夕福祸"。宁波在紧接着的日子里流行起瘟疫，让内也没幸免于难，一连几日，高烧不止。因为胡雪岩有嘱在先，让内为光复杭州有功，只要他在中国一日，在宁波的钱庄就要尽力帮助他。宁波钱庄的档手，听说让内感染了瘟疫，就带了"诸葛行军散"等散丸药去看望他，让内服药一日，居然能下床走动。

到了第二日中午，让内坐不住了，精神十足地跑到阜康账号，问档手送他的是什么神药，档手说是胡雪岩自开药铺炮制的中医药方，由老中医主持，一般都是祖传秘方。让内一定要档手再给他一些，好拿回去给其他同胞。档手打开抽屉，让内欢天喜地，把店里所存的药全部掳去，洋人服了药，个个精神抖擞，于是派让内到杭州来，让他向胡雪岩多要一些这种散丸药。

外国人看中了此药，胡雪岩这一得意非同小可，就实实惠惠地送了他两大箱，让内一定要留下钱。胡雪岩说是我送你的，不要钱，让内不解，追问胡雪岩，你不收钱岂不是赔本？

胡雪岩没有回答，只是笑了笑。其实，在胡雪岩的心中已经有了更远的想法——利用让内为胡庆余堂做一个活广告。果然让内回去一宣传，加上用药人相互转告，胡庆余堂还没正式挂牌，名声早已在外了。胡雪岩刚到上海，便有洋人找了来，说在宁波服过胡庆余堂的药，药效奇佳，现在他要随船回国，希望胡雪岩卖他一批成药，他还留下定金，说下次再来中国，还要采购。

中国有句古话说：要想取之，必先予之。胡雪岩利用这个外国人为自己的药店造声势，就是用的这一招。将来胡庆余堂的药物不仅中国人知道，而且外国人也知道。这样，胡雪岩的生意才能做大做远。

在国内，每年的盛夏，都有一批举人要上京赶考。于是，胡雪岩考虑到盛夏时节学子们的住宿与食水都成问题，极易造成痢疾等流行病，以往每年都会或多或少地出现这些问题。于是，胡雪岩决定给每位考生奉送两枚药丸，如有不够者到北京药房分号去领，地址写得清清楚楚，药房号更是显眼易记。果然，有胡雪岩的神药相助，问题比往年大大减少，胡庆余堂的名声在北京是越来越大了。等这些学子们赶考完，回到各自家乡，每逢遇到诸类疾病，都向人推荐胡庆余堂的药，渐渐地，胡庆余堂的名号就全国闻名了。虽说不敢与历史悠久的"同仁堂"相比，但在整个南方，胡庆余堂确实声名不菲，两堂一南一北，俨然又是"北票南庄"的格局。

用今天的商业眼光看，胡雪岩的送药给洋人和学子们的举措，其实也就是一种特殊的广告宣传方式。"要想取之，必先予之"，其实是一种一箭双雕甚至一箭几雕的绝招。第一，为自己挣得了仗义慷慨的好名声；第二，利用洋人和四方百姓为自己做了大规模的"活"广告，创下了自己的品牌，立定了脚跟；第三，又进一步为自己打通了和洋人之间的通商之路。

胡庆余堂开业之初，胡雪岩在做名气的过程中，充分体现了"要想取之，必先予之"这八个字的精髓。

纵观胡雪岩的经商套路一般都是先予后取，他利用洋人、学子为他造声势，做广告来打响药店的招牌。可见胡雪岩对"要想取之，必先予之"这句至理名言有极深的领悟。而且事实证明此举确实行之有效。在胡雪岩所处的商业时代里，还不存在广告效应，胡雪岩的经商手腕，行事手法却能如此之高，别人只看到其一的地方，他却能举一反三地看到其三、其四，实在不得不叫人佩服称绝！

项羽被刘邦围困在垓下，最后突围而去，来到乌江边，乌江亭长建议项羽渡江，但是项羽觉得愧对江东父老，羞愤自杀。几百年之后，唐朝大诗人杜牧经过这里，于是写了一首《题乌江亭》的诗，"胜败兵家事不期，包羞忍耻是男儿。江东子弟多才俊，卷土重来未可知。"杜牧的意思就是项羽只要放下大英雄的架子，失败一次又何妨，现在渡江去，忍一时之气，凭借着江东子弟，再卷土重来和刘邦争夺天下也未可知。

"忍"并不是一件容易的事，俗话说，忍字头上一把刀，项羽就是因为不能忍辱，所以他才选择了自刎。但是，忍一时风平浪静，要是项羽真的按照几百年后的杜牧所说的，也许还真能卷土重来也未可知？因此，"忍"有时可以让人减少许多不必要的麻烦，有时可以让人"卷土重来"。胡雪岩的一生，无论在商场，还是在官场，待人接物都能做到主动忍让，正是这种忍，才成就了大局。

左宗棠围攻杭州，长时间没有拿下，于是计划由刘不才当先锋，让胡雪岩去收服一个叫张秀才的人，化敌为友，让他在杭州城内做个内应。张秀才本是"破靴党"，自以为是个秀才，可以走动官府，平日包揽讼事，说合是非，欺软怕硬，十分无赖。王有龄当杭州知府的时候，非常讨厌这个人，早就想把他的秀才之职给革了，免得他再这样耀武扬威，只是一时半会还找不到机会，于是只得把这计划放在心里。这个张秀才与各衙门的差役都有勾结，而杭州各衙门的差役，都有一项非法的收入，那就是凡是有人想开店铺的，按照规矩必须向该地方的衙门的差役缴纳保护费。店铺大的就要多交一点，店铺小的可以少交一点，然后才能开张。这就叫做"吃盐水"。王有龄很反感这种收费，他又刚刚上任，于是，为了树立自己的威信，贴出告示下令禁止这种收费。钱塘、仁和这两个县的差役，害怕王有龄，所以一时就没有收取这种费用了。但是巡抚、藩司两个衙门的差役则觉得自己的靠山很硬，不买王有龄的帐，照收不误，不过自己不好出面，便指使张秀才去"吃盐水"，讲明三七分账。谁知张秀才的运气实在不好，他正在盐桥大街向一家刚要开张的估衣店讲价钱讲不下来的时候，正好王有龄坐轿从这里路过，于是停下轿子询问发生了什么事，估衣店的老板照实说了出来。王有龄非常愤怒，自己几天前下的禁令，现在就有人敢违反了，决定拿张秀才开刀，立个榜样。于是立马把张秀才叫到轿前，先把张秀才给骂了一顿，然后说要革除他的功名，也就是革除他的秀才之名。这一下张秀才慌了手脚，一革秀才，便成了白丁，不但见了地方官要磕头，可以拖翻在地打屁股，锁在衙门照墙边"枷号示众"，而且从此以后就要缴纳赋税、服劳役。

于是张秀才想来想去只有去托王有龄言听计从的胡雪岩帮忙，他带了老婆儿女到阜康钱庄，见了胡雪岩便跪倒在地，苦苦哀求。胡雪岩一时大意，只当是小事一件，王有龄必肯依从，因而满口答应。

哪知王有龄执意不从，说这件事与他的威信有关。他刚刚兼任了督粮道一职，又奉命办理团练，筹兵筹饷，号令极其重要，假如这件为民除害的陋习不革除，号令得不到实行，怎么能够服众呢？最后经胡雪岩好言相劝，王有龄算是让了一步，本来预备革掉张秀才的功名，打他两百小板子，枷号三月，现在看在胡雪岩的分上，免掉他的皮肉之苦，秀才之名却非革不可。等张秀才被革了功名之后，他以为是胡雪岩不肯帮忙，敷衍他的。从此怀恨在心，处处与胡雪岩为难，到现在还不肯放过胡雪岩。现在胡雪岩要去收服他，这不是废话吗。

幸好一物降一物，恶人自有恶人磨，张秀才什么人都不怕，除了官就只怕他儿子。张秀才的儿子小张是个吃喝嫖赌一应俱全的人。张秀才弄来的几个造孽钱，都供养了他这个宝贝儿子。刘不才也是纨绔出身，论资格比小张深得多。所以胡雪岩想了一套办法，用刘不才从小张身上下手。收服了小张，不怕张秀才不就范。刘不才赌场上关照小张，获得其好感。于是找借口与小张单独会了面。会面时，刘不才带去了最时兴的从上海带回的巧妙之物，惹得小张爱不释手，刘不才慷慨相赠，但却说是一朋友相赠的，这个馈赠定物的朋友当然就是胡雪岩了。

胡雪岩后来还托刘不才带给张秀才消息，让他为自己的前途打算一下，并且送去保举书，答应事成之后保举他一官半职。并且重新解释当时那场误会，待得张秀才明白原因，对胡雪岩的气愤顿时烟消云散。果然，等杭州克复，张秀才父子因为开城迎接藩司蒋益澧之功，使小张获得了一张七品奖札，并被派任为善后局委员。张秀才趁机进言，杭州的善后，非把胡雪岩请回来主持不可。蒋益澧深以为然，于是专程派小张去上海迎接胡雪岩回来主持杭州的善后事宜。

在这件事上，胡雪岩先委屈自己，忍一时之气，派刘不才从张秀才之子小张入手，以大局为重，晓以利害，最后化解了自己与张秀才的矛盾，同时，还为自己赢得了一个朋友。

俗话说："忍一时风平浪静，退一步海阔天空。"忍让并非就是怯弱的表现。以退为进，实际上是一种具有深远宏大眼光的策略。能容忍别人的一次小过失，别人就会以他的一技之长来回报你。能消除对别人的恩怨，别人就会拼了命来报答你。这种回报和报答的心情是那样的迫切，以至只要碰到机会。他就一定会一展身手，只要有效力的场合，他就会拿出他的全部力量，以完成其事。

8. 众人携手，开创局面

俗话说，团结就是力量。一个人做不好的事，也许由一个团队来做的话，就能成功，因为团队能聚集众人的智慧。

身为一名商人，胡雪岩也深知团队协作的重要性。也许胡雪岩并不知道团队精神这一概念，但是，他的做法却恰恰体现了这种团队合作的意识。首先他给他的员工高薪水，像刘庆生一样，一年的薪水就是 200 两银子，并且还不包括年底的分红。这种高薪水解决了员工们的生活问题，让他们有了一种归属感，因为物质方面的要求解决了，那么就会有更多的精力来工作了。试想，如果连温饱问题都没有解决的话，哪还有心思去做好工作呢？其次，他强调成员之间要相互协作，这样才能提高工作效率，在胡庆余堂，每一种药品的生产都牵涉到好几道工序，有的甚至是几十上百道工序，如果每一道工序的成员不能协作的话，工作效率肯定是提高不起来的。

在自己的钱庄、典当行、药店，胡雪岩是这样，就是与同行的合作，胡雪岩也讲求共同协作，因为大伙儿只有团结合作，才能共同发财。

胡雪岩想把他的生意从杭州做到上海去的时候，当时的上海并不安定，上海小刀会正在起事，反对清政府。而洋人为了自己的利益，就在军火上支持小刀会，这导致清政府派去的官兵在镇压方面有了一定的难度，因为官兵是用洋枪武装起来的，而此时的小刀会也从洋人那里得到了军火，造成了小刀会与官兵势均力敌。加之洋人又卖军火给太平军，导致曾国藩、左宗棠、李鸿章等人的湘军、淮军在围剿太平军时也困难重重。这就惹恼了清政府，于是朝廷决定对洋人在上海的生意采取限制，颁布了禁止将丝茶运往上海的禁令，并决定在上海设立内地海关，增加关税。而洋人看到清政府这样，他们也加大了支持小刀会与太平军的力度，看起来就是在与清政府较劲，双方关系弄得很僵。

胡雪岩看到这种情况，经过分析，得知这是清政府与洋人骑虎难下的形势造成的。清政府里有些官员本来就看不惯洋人的飞扬跋扈，想乘此机会给洋人一定颜色看看，让洋人知道，清政府不是这么好欺负的，于是这些人向朝廷上书请求制裁洋人。但是如果真的断了洋人的生意的话，对于清政府来说，也是一种损失，起码清政府的关税就少了许多。而对于洋人来说，如果一定要与朝廷僵持，他们在上海的生意就将全面受到影响，比如现在他们急需的丝、茶，因为货源断绝，只能在上海高价购进。而朝廷主要也是恼恨他们资助小刀会和卖给太平军军火，才发出禁令。只要他们不再支持小刀会和卖军火给太平军，清政府也就不会再制裁他们。但问题是清政府和洋人都不想先向对方低头，于是胡雪岩觉得只有自己出面充当洋人与清政府之间的调停人的角色。胡雪岩认为，朝廷与洋人的争端如果长久僵持下去，洋人固然要受损失，但上海市面也要萧条，最终两败俱伤。他想要做的是，在朝廷和洋人之间寻找相同的利益点，把彼此发生争端的原因除掉，叫官场相信洋人，也叫洋人相信官场，"这样子才能把上海市面弄热闹起来"，那时钱庄、粮行也好，开典当行也好，都会无往不利。

而怎样去调停呢？此时胡雪岩的手上囤积有大量的生丝，本打算是想垄断市场，从洋人那大赚一笔银子的。但是此时他就以低价出手了，他在这个时候脱手，无非是想向洋人做出一种友好的姿态，因为洋人在中国做生意，一般来说还比较重视中国商人的态度。此外，胡雪岩还去苏州拜见现任苏州学台的何桂清，想搭上官场的路子，在官场找到人来出面调停。在胡雪岩看来，如果朝廷有得力的人出来做这件事，平息朝廷和洋人之间的争端，并不是办不到的。

最后，功夫不负有心人，胡雪岩实现了他的愿望，洋人与清政府握手言和，上海的环境开始缓和，胡雪岩也就在上海开成了丝行、米行、典当行、钱庄。

合作就像划船一样，只有众人齐心协力，才能使得船快速前进，要是划船的人各怀一心，你向这个方向划，我向那个方向划，就会使得船在水中打转，更有甚者，会使得船沉没在水中。

第六章 胡雪岩的用人智慧

1. 不拘一格选人才

老实可靠是胡雪岩用人的一个原则，也是前提。胡雪岩强调"看了人再用"，他的"看"是不拘一格的，是从不同角度、不同方面去看，所以能为自己的事业选择最佳人选。

胡雪岩在刚刚发迹之时，就非常注意对所用之人的全面考察。

一次偶然的机会，胡雪岩结识了靠摆渡为生的老张一家，并对他们的女儿阿珠有了好感。老张一家是当时中国社会下层最普通常见的人家，他们善良、老实、本分，却又爱占点小便宜。胡雪岩出钱让老张到湖州开丝行，很大程度上是为了接济他们家，但这毕竟是胡雪岩除了钱庄之外初次涉足的另外一个领域的生意，所以他还是非常慎重，在了解老张一家人的情况后才做出这个决定的。

胡雪岩去上海搭乘的是老张摆渡的船，通过一路上与他们的接触，细心观察，逐渐了解这一家人。老张虽然是摇船出身，不识几个字，却是一个有骨气的人。而老张之妻虽是常人之妻，却有着生意人的精明和不凡的见识，通过闲聊，胡雪岩发现她对蚕丝的生产、品质的优劣等方面的情况了如指掌，令他大开眼界。于是决定在湖州开办丝行，为自己日后在这一商业领域内发展奠定基础。

结果证明，胡雪岩起用的生意帮手是成功的，老张一家果然将丝行经营得有声有色，最后使得生丝买卖成为胡雪岩事业中重要的一部分。

胡雪岩认为"找一个可用的人很简单，但要找到一个值得信赖的人却要费一番心思"。因此他在考察别人时，很注重对人的全面考察，尤其注重的是品行。

陈世龙外号"小和尚"，原是一个整日混迹于赌场街头，吃喝玩赌无一不精的"小混混"。这样的人在别人眼里是一文不值的。但胡雪岩却独具慧眼。发现了陈世龙身上的一些长处：

首先，这个小伙子很机灵。胡雪岩结识陈世龙其实很偶然，是他在湖州先认识的恒利丝行档手让"小和尚"带他去找郁四，才使他与这个小伙子有了一面之缘。就是这一面之缘，使胡雪岩在陈世龙身上发现了许多可取之处。他与人交接不露怯，很有大家之气，对胡雪岩提出的问题，对答如流，合适得体。胡雪岩对他的第一印象就是"这后生可造就"。

第二，这小伙子不吃里扒外，这是胡雪岩从郁四那里了解到的。郁四心里有点儿讨厌"小和尚"，说他太精明，而且吃喝嫖赌样样都来，但胡雪岩看重的却是"小和尚"是不是吃里扒外，这一点郁四还是给了相当公正的评价：小和尚倒还不是那种人，但是太精了。这又恰好证明了胡雪岩认为这小伙子很机灵的第一印象没错。

第三，这小伙子有血性，说话算数。这一点是胡雪岩自己试出来的。在正式将"小和尚"带到身边之前，胡雪岩把他找来深谈了一次。临分手时给了他一张50两的银票叫他拿去随便用。此前，"小和尚"已经答应胡雪岩要戒赌，胡雪岩知道好赌的人身上有钱就会"手痒",所以他要藉此试试这小伙子是不是心口如一。"小和尚"虽然忍不住,当晚就到赌场转了一圈,但终归还是拒绝了别人的诱惑没有下场,这一点最让胡雪岩看重。胡雪岩有一个说法,看一个人怎么样,就是看他说话算不算数。

在胡雪岩看来,一个人吃喝嫖赌不是什么特别重要的缺点。而主要的是要讲信义,要有志气,缺点毛病再多,只要有志气就可以将它改掉。只要做人处事有原则,其他任何短处都不重要。胡雪岩就是看到了陈世龙重诺言、灵活却又不失本分这些长处,将他变成了一个可造之材,成了自己跑江湖、泡官场的得力助手,甚至是左膀右臂。

胡雪岩用人时不按常规,重点看这个人身上有没有可用之处,以及这个人是不是一个可信的人,这种辨证的眼光帮他收服了另外一个特殊的人才——刘不才。

刘不才本名刘三才,是胡雪岩二房姨太太芙蓉的亲叔叔。芙蓉的祖上是开药号的。招牌叫做"刘敬德堂",药店传到芙蓉父亲这一代,经营得相当不错,也积攒了丰厚的家底。然而有一年芙蓉的父亲到四川采购药材。由于所乘的船触礁而落水身亡。"刘敬德堂"自此落到刘三才手上,这刘三才自小就是一个花花公子,而且嗜赌如命。药店到了他手上不到一年功夫就维持不下去了,将所有的债务清算完了,药店盘给别人,房子、生材、存货折价卖掉后,只收回3000多两银子,而这笔钱也在不到一年的时间里被他花个精光。先是以典当家具为生,后来无可为当,就四处告贷,最后连告贷都没有门了,因而落了个"刘不才"的绰号。

在别人眼里,他绝对是个不可救药的败家子,就连他的亲侄女芙蓉,也把他说得一无是处。而胡雪岩却看到别人不曾留意的方面。

其一，刘不才虽然好赌，却从来没有将手里的几张祖传的制药秘方拿出来做赌注，这表明他还心存振兴祖业的念头；其二，他吃喝嫖赌样样都来，而且样样在行，样样都能玩出花样，但就是不碰大烟，这说明他还没有堕落到自暴自弃的地步；其三，刘不才为了打捞哥哥的尸体，不计财力，这说明他有情有义。就凭别人不曾注意的三点，胡雪岩看出他还具有可取之处，没到不可救药的地步。胡雪岩收服了刘不才，用其所长，避其所短，而且他手上的那几张祖传秘方也可发挥用处。他摆了一桌"认亲"宴，就在这认亲宴席上便与刘不才谈妥了药店开办的地点、规模、资金等事项。日后闻名天下的老字号药店"胡庆余堂"就这样办起来了，在此后的几十年中，它不仅成为胡雪岩的一个稳定财源，也为他挣来了"胡大善人"的好名声。而刘不才改邪归正，摆脱了贫苦的生活，并且成为胡雪岩身边不可缺少的人，为胡雪岩做了几件大事：拉拢庞二联手销洋庄；在太平军占领杭州期间照顾胡家老母妻小；收服小张而为收复杭州后振兴生意打下了基础。

在别人眼里一无是处的"败家子"，到了胡雪岩手中，却成了一个具有特殊用处的不可多得的人才，这正是胡雪岩不拘一格全面考察人才，避人所短，用人所长的表现。

挑选人才，应从不同方面进行考察，既要看重全面素质，又要强调一些特殊的能力。大凡奇才，必有奇技，而这些不凡的本领，不是轻易就能看出来的，要多角度多侧面进行周密的考察，进而收为己用。而一些常人看似无用的"庸才"，换个角度看会发现他也有可取之处，甚至能起到别人所不可替代的作用。

根据他人的才干，授予他适当的事情，则不会失败。根据他人的能力，让他做力所能及的事情，则能少犯错误。客商把货物交给中间人，把资本托付给合伙人，要事先观察他的为人，看他们的能力磨练到了何种程度。所用之人的才干与所做的事情不相称，必然导致钱财的丧失、生意的失败。所用之人的能力不能担当所托付的重任，必然导致事业的倾覆。家仆、佣人之类，也要根据他们的能力来使用，否则只能是成事不足，败事有余。

2 以财买才，以财揽才

胡雪岩用人，除了不拘一格考察人才，知人善任，随才量力之外，一个很重要的手段就是用钱财来招揽人才，留住人才。

他筹办阜康钱庄之初急需一个得力的档手。经过一番考察，胡雪岩决定聘用刘庆生。这刘庆生原先只是大源钱庄一个站柜台的伙计，身份很低，但对本行本业非常熟悉，且具有很强的应变能力，是个不可多得的人才。阜康钱庄还没有开业，周转资金都没到位，胡雪岩就决定给刘庆生一年二百两银子的薪水，这还不包括年终的"花红"，而且决定之后就预付了一年的工资。当时杭州城内保持每顿荤素都有，冬夏绸布皆备的生活水准，一个八口之家一个月吃穿住的全部花费也不过就十几两银子。刘庆生原先当伙计时的收入每月不到二两银子，不用说，胡雪岩一年二百两的银子真是高薪聘请了，这一下子就打动了刘庆生的心。当胡雪岩把预付的一年薪水二百两银子拿出来的时候，刘庆生激动地说："胡先生，你这样子待人，说实话，我听都没听说过。铜钱银子用得完，大家是一颗心。胡先生你吩咐好了，怎么说怎么好！"胡雪岩的慷慨也一下子安定了刘庆生的心，有了这一年二百两银子，刘庆生就可以将留在家乡的母亲妻儿接来杭州同住，上可以孝敬于老人，下可以尽责于儿女，这样也就再无后顾之忧，可以全心全意打理钱庄的生意了。

阜康钱庄发达后，胡雪岩在通都大街设立分号，雇佣号友时，必询问家中情况，日常用度多少，先付一年的工资，使他们安定下来，专心致志在银号干活。胡雪岩以利益激励员工，主要有两种方式。一种是红利均沾，对于没有资本的伙计，采取根据经营好坏，年底分红的方式；另一种是入股合伙，即对有些资本的伙计，让他们合资入股，大家都有好处可得。这些人为胡雪岩效力其实也是为自己效力，他们各自的利害得失与胡雪岩是紧密相连的，这样他们也就会更加卖力地干活。

胡雪岩对自己的伙计从不吝惜钱财。他的胡庆余堂设有"养俸"、"阴俸"两种规矩。"养俸"类似于现代的退休金。胡庆余堂上至"阿大"、档手，下至采买、药工以及站柜台的伙计，只要不是中途辞职或者被辞退，年老体弱无法继续干活之后，仍由胡庆余堂发放原薪养老，直至去世。而所谓"阴俸"则类似于现代的抚恤金。那些为胡庆余堂的生意发展作出过很大贡献的雇员去世以后，他们在世时的薪金，以折扣的方式继续发放给他们的家属，直到这些家属有能力维持与该雇员在世时相同的生活水平为止。

胡雪岩对雇员给以非常优厚的待遇，对难得的人才更是不惜重金，这使得他身边聚集了大量有才干的各色人才，他们为胡雪岩生意的发展立下了汗马功劳，就是那些小伙计，也是兢兢业业，勤勤恳恳，尽职尽责做好本职工作。

俗话说：重赏之下必有勇夫。这是因为对于一般人来说，他们的工作是通过金钱的价值来体现的。有了更多的金钱收入，员工心里觉得倍受重视，就会显得更忠诚，工作起来自然也就更卖力。

3. 充分了解下属意愿

一天，左宗棠找来胡雪岩，开门见山地说："有件事，雪翁，我要跟你商量，看看你有没有高招，治那一班蠹吏！"

"蠹吏"二字，胡雪岩没有听懂，瞠然不知所答。及至左宗棠作了进一步的解释，才知道指的是京里户部与兵部的书办。

"户部与兵部的书办，盼望肃清长毛之心，比谁都殷切；在他们看，平了洪杨，就是他们发财的机会到了。正月廿一，曾老九克了天保城，金陵合围，洪秀全已如釜底游魂。李少荃的淮军，攻克常州，办是指顾间事；常州一下，淮军长驱西进，会合苦守镇江的冯子材，经丹阳驰援曾九，看起来可以在江宁吃粽子了。"

"没有那么快！"胡雪岩接口便答。

这一答，使得左宗棠错愕而不悦："何以见得?"他问。

胡雪岩知道自己答得太率直了。左宗棠有句没有说出来的活："莫非论兵我还不如你? 因而很见机地改口："大人用兵，妙算如神，我何敢瞎议论。不过，我在上海那两年，听到看到，关于李中丞的性情，自以为摸得很透。常州如果攻了下来，他未必肯带兵西进，因为，他不会那么傻，去分曾九帅一心想独得的大功。"

"啊！"左宗棠重重一掌，拍在自己大腿上，"你也是这么想?"

"只怕我想得不对。"

"不会错！"左宗棠叹口气，"我一直也是这么在想，不过不肯承认我自己的想法。我总觉得李少荃总算也是个翰林，肚子里的货色，虽只不过温熟了一部诗经，忠君爱国的道理总也懂的，而况受恩深重，又何忍辜负君父灭此大盗，以安四海的至意？如今你跟我的看法不约而同，就见得彼此的想法都不错。论少荃的为人，倒还不致巴结曾九；只为他老师节制五省军务，圣眷正隆，不免功名心热，屈己从人。至于他对曾九，虽不便明助，暗底下却要帮忙，助饷助械，尽力而为。所以金陵克复的日子，仍旧不会远。"

"是的，这是明摆在那里的事。江宁合围，外援断绝，城里的存粮一完，长毛也就完了。照我看，总在夏秋之交，一定可以成功。"

"那时候就有麻烦了。你先看着这个——。"

说着左宗棠从怀中掏出一封信来，厚甸甸地，总有十来张信笺。他检视了一下，抽出其中的两张，递了给胡雪岩。这两张信笺中，谈的是一件事，也就是报告一个消息。说兵部与户部的书办，眼看洪杨肃清在即，军务告竣，要办军费报销，无不额手相庆。但以湘淮两军，起自田间，将领不谙规制，必不知军费应如何报销。因而有人出头，邀约户兵两部的书办，商定了包揽的办法，多雇书手，备办笔墨纸张，专程南下，就地为湘淮两军代办报销。

一切不用费心，只照例奉送"部费"即可。在他们看，这是利人利己的两全之计，必为湘淮两军乐于接纳。所以不但已有成议，而且已经筹集了两万银子，作为"本钱"，光是办购置造报销的连史纸，就将琉璃厂几家纸店的存货都搜空了。

"这个花样倒不错！"胡雪岩有意做出轻松的姿态，"不过这笔'部费'可观。我替殉节的王中丞经手过，至少要百分之二。"

"就是这话罗！"左宗棠说，"我要跟你商量的就是这件事。我前后用过七千万的银子，如果照例致送，就得二十万银子。哪里来这笔闲钱，且不去说它；就有这笔闲钱，我也不愿意塞狗洞。你倒想个法子看，怎么样打消了它！"

"打消是容易，放句话出去挡驾就是。可是以后呢？恐怕不胜其烦了！军费报销是最罗嗦的事，一案核销，有几年不结的。大人倒仔细想一想，宝贵的精神，犯得着犯不着花在跟这些人打交道上头？"

"不！"左宗棠大不以为然，"我的意思是，根本不要办报销。军费报销，在乾隆年间最认真，部里书办的花样也最多。不过此一时，彼一时，那时是'在人檐下过，不敢不低头'，如今我又何必低头？户部也没有资格跟我要账！"

这话说得太霸道了些。诚然，湘军和淮军的军费，都是在地方自筹，户部并没有支付过；但在地方自筹，不管是厘金、捐募，总是公款，何致于户部连要个账都没有资格？胡雪岩不以左宗棠的话为然，因而沉默未答。

"雪翁，"左宗棠催问着，"有何高见，请指教！"这就不能不回答了，胡雪岩想了一下答道："那不是大人一个人的事。"

"是啊！不过事情来了，我可是脱不了麻烦。""就有麻烦，也不至于比两江来得大。"

这一说，左宗棠明白了，"你的意思是，策动曾相去顶？"他问。

这是指曾国藩，他以协办大学士兼领两江总督，也算入阁拜相，所以称之为"曾相"；胡雪岩正是此意，点点头答说："似乎以曾相出面去争，比较容易见效。"

"我也想到过，没有用。曾相忧谗畏讥，胆小如鼠；最近还有密折，请朝廷另简亲信大臣，分任重责。你想，他怎么肯不避嫌疑，奏请免办报销？何况时机亦还未到可以上折的时候。"

"难处就在这里。"胡雪岩说，"军务究竟尚未告竣，贸然奏请免办报销，反会节外生枝，惹起无谓的麻烦。"

"可是消弭隐患，此刻就得着手。倘或部里书办勾结司员，然后说动堂官，再进而由军机奏闻两宫，一经定案，要打消就难了。"

胡雪岩觉得这番顾虑，决不能说是多余；而且由他的"书办勾结司员"这句话，触机而有灵感，不暇思索地答道："既然如此，不妨在第一关上就拿书办挡了回去。"

"喂，喂！"左宗棠一面想，一面说，"你这话很有意味。然而，是如何个挡法呢？"

"这等大事，书办不能做主；就如大人所说的，得要勾结司官。司官给他们来盆冷水，迎头一浇；或者表面上敷衍，到紧要关头，挺身出来讲话，只要有理，户部堂官亦不能不听。""话是有理，难在哪里去找这么一位明大体、有胆识的户部司官？"

"不一定要明大体、有胆识。"胡雪岩答说，"只要这位司官，觉得这么做于他有利，自然就会挺身而出。"

"着！"左宗棠又是猛拍自己的大腿，"雪翁，你的看法，确是高人一等，足以破惑。"略停一下，他又说道："听你的口气，似乎胸有成竹，已经想到有这么一个人了。"

"是的，就是杭州人王文韶。此人很能干，也很圆滑，人缘不错。加以户部左侍郎沈桂芬是他乡试的座师，很照应这个门生，所以他在户部很红。"

"既然人很圆滑，只怕不肯出头去争！"左宗棠说，"这种事，只有性情比较耿直的人才肯做。"

"大人见得是。不过，我的意思不是鼓动王夔石出头去力争，是托他暗底下疏通。我想，为了他自己的前程，他是肯效劳的。"

"何以见得？雪翁，请道其详。"

照胡雪岩的看法，做京官若说不靠关系靠自己，所可凭借者，不是学问，便是才干。当翰林靠学问，当司官就要靠才干。这才下是干济之才，不在乎腹有经纶，而是在政务上遇到难题，能有切切实实的办法拿出来。至少也要能搪塞得过去。王文韶之所长，正就是在此。

可是，做京官凭才干，实在不如凭学问。因为凭学问做京官，循资推转，处处得以显其所长；翰林做到兼日讲起注官，进而"开坊"升任京堂，都可以专折言事，更是卖弄学问的时候。也许一道奏疏，上结天知，就此飞黄腾达，三数年间便能戴上红顶子。而凭才干做官，就没有这样便宜了！

"为啥呢？因为英雄要有用武之地。做部里司官，每天公事经手，该准该驳，权柄很大；准有准的道理，驳有驳的缘故，只要说得对，自然显的出才干。可是司官不能做一辈子，像王夔石，郎中做了好多年了，如果升做四品京堂，那些鸿胪寺、通政司，都是'聋子的耳朵'，没有它不像样子，有了它毫无用处。王夔石就有天大的本事，无奈冷衙门无事可做，也是枉然。"

胡雪岩略停一下又说："司官推转，还有一条出路就是考御史；当御史更是只要做文章的差使，王夔石搞不来。而且他也不是什么铁面无情的人，平时惟恐跟人结怨，哪里好当什么都老爷？"

"我懂了！"左宗棠说，"王夔石是不愿做京官，只想外放？"

"是的。外放做知府，做得好，三两年就可以升道员。"

胡雪岩笑笑说道："做外官，就要靠督抚了！"

这一下，左宗棠心领神会，彻底明了。因为做外官靠督抚，没有比他更清楚的。清朝的督抚权囊，京官外转府道；督抚如果不喜此人，从前可以"才不胜任"的理由，奏请"请京任用"，等于推翻朝旨。乾隆仞年，虽曾下诏切责，不准再有这样的事例；可是督抚仍旧有办法可以不使此人到任，或者奏请调职。至于未经指明缺分，只分省候补任用的，补缺的迟早，缺分的优瘠，其权更操之督抚。

因此可以想象得到，王文韶如果志在外官，就必得与督抚结缘，而能够设法搞成免办平洪杨的军费报销，正是可遇而不可求的良机。因为这一条，湘淮将领，无不感戴。而天下督抚，就眼前来说，两江曾国藩、闽浙是左宗棠自己、江苏李鸿章、直隶刘长佑、四川骆秉章、湖广官文、河南张之万、江西沈荷帧、湖北严树森、广东郭嵩焘，哪一个都花过大把银子的军费；能够免办报销，个人要欠王文韶的情，等他分发到省，岂有不格外照应之理？

想到这里，左宗棠心头的一个疙瘩，消减了一半，"王夔石果然是能干的，就得好好抓住这个机会，普结天下督抚之缘。"

用人之前了解了手下的意愿，等于打蛇打到了七寸，牵牛牵住了牛鼻子。因为任何事情只有它自己想去干才会干得最积极，最卖力，管理起来也最不需要功夫。

4. 不遭人妒是庸才

古语云："木秀于林，风必摧之；行出于众，人必非之。"一个人如果才识过人，必将令他人显得平庸，这种才识一旦付诸行动，就会办成别人办不成的事，获得别人得不到的成绩，使得与别人的平衡关系被打破，造成与其同僚的不同，这样难免引起周围人的妒恨。

平庸之人不会有什么作为，也不会对周围人的利益构成威胁，因而他是不会引起旁人的嫉妒的。

胡雪岩是以果溯因，以否定式的判断"不遭人妒是庸才"的。反过来推理：遭到人们嫉妒的多是能干之人。因此，他选人的时候，并不限于别人对某一人才的评价，却对那人在别人口中颇遭非议的人物更加注意，因为他知道，成就大业之英才，往往易不见容于别人，从这里也可看出他识别人才的简单有效的方法，也可以看出他不拘世俗、较之一般人远为宽阔的眼光。

胡雪岩的"不遭人妒是庸才"的人才观，首先就在他自己身上反映出来。胡雪岩从学徒做起，因办事利练，快速擢升，其锋芒之锐，当即引起了同事们的不安与嫉恨。他们利用一切机会在老板面前诋毁胡雪岩，说他如何如何办事无能，又如何如何欺上瞒下，总而言之，咬定胡雪岩是个心术不正之人。

这些谣言传到老板耳中，亏得老板也是个久经世故的人，他知道什么叫"行出于众，人必非之"，对这些谣言也不大往心里去。

后来，胡雪岩私自把钱庄的钱借与王有龄。事情传开之后，老板又气又恨，按规矩，出了这种事，肯定是把胡雪岩赶出"信和"，毫无言语可讲，但老板想到胡雪岩是自己一手栽培起来的，确实是个难得的人才，又于心不忍。

这时，钱庄的伙计可不依了，平素他们恨透胡雪岩，却苦于无机会施以报复，如今遇此良机，他们怎肯放过？于是成天在老板面前怂恿，说胡雪岩如此无法无天，这次不把他赶出钱庄，说不定会留下后患，要是别的伙计也竟相效仿，那钱庄还不得早晚关门？

老板一听，知道胡雪岩犯了众怒，自己即便有心留他下来，只怕他以后的日子也难过。于是狠下心来，把胡雪岩赶出了"信和"。胡氏这样一个难得的人才，便是失于"人妒"之中。

然而后来又怎样呢？胡雪岩跟随王有龄，控制了浙江海运，赚了数十万的银子，他们把这笔钱不存在别人那里。而偏偏存在"信和"，信和老板这时才发觉自己干了多么愚蠢的一件事。虽然自己那时已知胡氏是个人才，但却碍于众人的非议，不敢把他留下来，如今看他短短几年之内，竟然拥有万贯家财，自己真是有眼无珠呀。始知遭人妒者，才是英才。

而胡雪岩尚未创业之时资助王有龄，也是出于这种观念。王氏一介书生，科试不第，捐官无路以至于穷困潦倒，却不肯放下读书人的志节与骨气，遂遭市井人共耻笑。惟胡氏不以人短而非之，他看出王有龄"骨相清奇，必富贵相"，将来必将有所做为，是以不顾别人的非议，冒险赠金，事实证明胡氏的判断正确无误，王有龄得此资助终于发迹，而胡氏也终于由此踏上发财致富之坦途。

因此，胡氏发迹后，用人时，特别注意"不遭人妒是庸才"这一句话，为自己，也为别人发现了许多人才。

王有龄在湖州府上时，统辖的一个县城发生了民变，乱民杀了县官，攻占了县城，竖起大旗，自称"无敌大王"。消息传到湖州，王有龄大为恼火，召集幕僚，征询办法，手下幕僚大都言剿。王有龄也支持这种意见。

然而手下有个叫司马松的幕士却反对这种办法。他认为，如今官兵久不训练，不知拼杀之事，乱军风头正劲，不与之相争才是上策。否则，一旦官兵失败，只怕四处的乱民都会响应，况且民乱事出有因，当以"抚"字为上，既可安抚民心，也可平定民乱。

司马松这个人平素寡言少语，又贪小便宜，衣着服饰乱七八糟，很叫同僚看不起，王有龄也有些烦他，只因他是另外一个朋友介绍来的，才没把他辞掉。本来平日在他人眼里，司马松便是一个不可造之才，无足轻重，今日见他未出兵便先言败字，很是气恼，不予理睬，派了个营官领了一千人马去镇压乱军。

事情果然不出司马松所料，一千官兵在半途便中了埋伏，死伤大半，别处的饥民见官兵如此不堪一击，便也纷纷起来闹事，响应"无敌大王"。

王有龄大惊失色，召集众幕僚，再商对策，众幕士说来说去，都没找出个好主意，而欲寻司马松，却发现人已不见，告假养病在家，请之不去。

胡雪岩听完王有龄的叙述后，认定司马松就是平乱所需的英才。他解释，司马松面相端正，属善良忠直之辈，眉间英气凝聚，有传世之才，行动愚钝，大智若愚，不形于色，心计必定极深沉。他平时少言寡语，不善辞令，但那日献计用抚不用剿，确实为计深远，非一般人所及，不鸣则已，一鸣惊人，平素藏而不露，到危难之际挺身而出，大展才智，才是中用之人，其所以隐忍不发，不愿为王氏效命，是因为王有龄以寻常眼光对之，未发现这一人才而已。

事实上，司马松命中多难，他是个遗腹子，未出生爹便死了，全靠他母亲把他辛辛苦苦养大，后来又替他娶妻。谁知他老母又一病不起，过了几年，妻子留下几个儿女，跟他人私奔了。这下，司马松简直陷入水深火热之中。既照顾老母，又要照顾孩子，欠的债不计其数。有位朋友见他可怜，便通过种种关系把他介绍到王有龄的衙门。司马松这个人虽然聪明，但不善交际，且不谙人情世故，加之身受挫折太多，性情难免古怪，所以在王有龄的衙门一直不受重视，颇有怀才不遇之感，这一次他给王有龄出计献策，王有龄刚愎自用，根本不把他放在眼里，使他大为恼怒。

胡雪岩了解这一切之后，特地登门拜访，为司马松还清旧债，驱去债主。临走又留下五百两银票，以备司马松日常开支。

归后，胡雪岩见到王有龄，将司马松之困窘备说详细，又劝王夫人以美婢赠与司马以为续弦。

这一切令司马松感激涕零，翌日前来拜谢，胡雪岩便把王有龄的意思告诉他，司马松一听，也不多说，主动要求去与乱民谈和。

司马松果然厉害，舌战乱民，很快就瓦解了乱民的斗志，乱民各自散去。王有龄闻讯大喜，奏明朝廷，朝廷念司马松有功，令他就在民变的县城就任县令。司马松在任上，治理有方，很快就把人心平定，生产发展上去，一时间政通人和。

此时王有龄才意识到："司马松素日在同僚中倍遭非议，原来果真是个奇才！"

胡雪岩不以人非而非，独具慧眼证实了他"不遭人妒是庸才"的人才观的高明。

胡氏这一独特的看人眼光为他延揽了不少人才，洋行买办、为胡雪岩的洋场事业立下汗马功劳的古应春就是一个。

古应春是上海洋场的"通事"，也就是外语翻译。他一表人才，洋朋友多，对英国人尤其熟悉，英语翻译水平很高，更难能可贵的是他虽混迹洋场，却十分维护中国的利益，对中国人内部的互相争斗、让洋人捡便宜的现象很不满。

胡雪岩从古应春的言谈态度中推知他必是遭同行倾轧排挤，有感而发。同时，他也正是从这里看出古应春是一个难得的可为自己所用的人才。不遭人妒是庸才，受倾轧排挤的，大致能干的居多。古应春的能干，胡雪岩从他的说话、见解就可以想见了。此意一定，胡雪岩就提出了与古应春合伙与洋人做生意的要求。惺惺惜惺惺，古应春自然也是十分乐意。此后胡雪岩与洋人做军火交易，比如同英商哈德逊谈判，以合适的价格及时地买到两百支枪，一万发子弹，生丝销洋庄，比如第一笔几万包丝在上海卖给洋人，一举赚得十几万银子，古应春都功不可设。

胡雪岩认为，大凡受人非议的人物，必定有非常之行为，有非常之行动，必定身遇非常之事，只要能够查明事因，对症下药，定能为我所用。

无论在哪个领域，要想有所发展，必定要启用一些非常之人，以其非常之手段，推陈出新。否则，便会老是在原地踏步。停步不前，就等于后退，势必遭到淘汰。

能不为世俗的成见所拘束，吸纳形形色色的各种人才为我所用，这样才能人才济济，有了人才，事业才能发展。而且，在延揽人才的时候，特别要注意那些遭人嫉妒而又确实有才干的人。因为这些人遭嫉，自然免不了被人说闲话，如果仅凭人言，一定会失去一些有能力的干才。

日本松下公司的创始人松下幸之助在其传记中说道："我历来相信，一个不招人妒的人是没有能力的，或者他根本不敢招人忌恨，因为他没有自己的主见，唯众人的意志是图，我的公司不需要这样的人。"松下幸之助的用人智慧与胡雪岩的用人之道可以说是英雄所见略同。

5 以情义打动人才

在日本的一些株式会社，老板对职员的关心，可以用体贴入微、无微不至来形容。职员生病了，老板亲自到医院去探望；职员家有什么红白喜事，老板亲自参加；职员家庭出现了困难，老板亲自登门问寒问暖。老板的"情"温暖了职员的心，也培养出了一批"工作狂"，那些老板对他们有"情"的职员，为了报答老板的关心，在公司中废寝忘食地工作，加班加点从无怨言，为了完成工作任务不辞辛劳，死心塌地，尽心尽职地为公司工作。

日本企业界这些老板付出的是"情"，得到的却是一批为他拼命工作的职员，以及他们给公司带来的丰厚效益。这种情智，远非那些板着面孔、冷若冰霜的管理智慧可比拟，因此其正被越来越多公司采纳和推广。

胡雪岩对下属的管理，就颇有一些日本式管理的风格。他对下属不仅仅是物质鼓励，更多的是感情投资。他深知"得人心"的重要，对下属总是设身处地地关心照顾，帮助他们解决实际困难，祸福同当。他曾对手下的人说过："我请你们帮我的忙，自然当你们一家人看，祸福同当，把生意做好了，大家都有好处。"

在实际中，他也是这么做的。他非常注意对自己的下属的感情投资，他全心帮助郁四处理家务，他细心筹划玉成古应春和七姑奶奶的婚事，他撮合阿珠姑娘与"小和尚"的姻缘，他为漕帮解决困难……，所有这些，都是在做感情投资。而这些感情投资收回的"利润"，便是他有了这一大批眼光手腕都相当不错的人全心全意地帮他。

胡雪岩深深懂得，"要得到真正的杰出之士，只凭借钱是不能成事的，关键在于"情""义"二字，要用情来打动他们。"他就是用这样的手法，为朋友王有龄追揽了一名得力的助手嵇鹤龄。

却说王有龄做官以来事事顺利，正当他春风得意的时候，却接手了一件意想不到的任务。新城有个和尚，公然聚众抗粮，抚台黄宗汉要王有龄带兵剿办。然而新城民风强悍，吃软不吃硬，如果带了兵去，说不定会激起民变。候补州县里有个叫嵇鹤龄的，主张"先抚后剿"，主意很是不错，但是他恃才傲物，不愿替别人去当这送命的差使。尽管嵇鹤龄穷得叮当响，可是他就是不谈钱，不哭穷。胡雪岩自觉非说动嵇鹤龄不可。刚好嵇鹤龄新近悼亡妻，于是胡雪岩穿上袍褂，戴上水晶顶子大帽，坐上轿子，带上随从，径直前往拜访。

胡雪岩找到嵇鹤龄的家，声称来拜亡人，要嵇鹤龄出见。无奈嵇鹤龄以素昧平生为由，拒不出见。

站在庭院里的胡雪岩早已料到嵇鹤龄会采取拒人于千里之外的态度，但他还准备着一步棋。只见他款步走到灵堂前，捧起家人刚才点燃的香，毕恭毕敬地行起礼来。这一招确实够厉害的，因为依照礼仪规矩，客人行礼，主人必须还之以礼。嵇鹤龄无奈，只好出来，请胡雪岩入室相坐。

待一坐下来，胡雪岩便展开了他那练就得炉火纯青的嘴皮功夫，说了一阵恭维、仰慕之类的话。嵇鹤龄听了这些话，自高的傲气也就消减了一半。

"嵇兄，还有点小东西，是王大人托我面交给你的，请笑纳。"说着，胡雪岩掏出了个信封，递了过去。

嵇鹤龄接过信封，掏出来一看，原来里面是一叠借据和当票底根，只是上面盖着"注销"的印戳，或写着"作废"二字，不是废纸，又是什么呢？

原来这些都是胡雪岩通过自己在钱庄、当铺的熟人做的手脚，给嵇鹤龄取出来的。

嵇鹤龄被胡雪岩的言谈和举动所打动，言语之间也就缓和下来了。

　　嵇鹤龄知道胡雪岩是王有龄倚重的人，刚刚见到他时还心生戒备，但在胡雪岩这一番事情做完之后，不仅戒备防范之心尽数解除，相反还对胡雪岩生出一种由衷的佩服。

　　此刻日已近午，胡雪岩便请嵇鹤龄出去摆一碗。嵇鹤龄家中没有内助，四处杂乱无章，凌乱不堪，只好主随客便。于是进屋换了布衫，和胡雪岩携手出门了。

　　数日后，嵇鹤龄在王有龄的安排下，亲赴新城，结果不负重望，大功告成。他协同地方绅士，设计擒获首要各犯，解送到杭州审讯法办。抚台黄宗汉已经出奏了保案，为有功人员请奖。只是作为首功之士的嵇鹤龄却只给了一个明保。胡雪岩深知其中有鬼，回去封了两万银票给黄宗汉的老家汇去，然后通知王有龄可以去见抚台了。抚台当面答应王有龄调任后的浙江海运局差使，由嵇鹤龄接任。事情至此，一个本来难解的难题终于成了皆大欢喜的局面。

　　可以看出，胡雪岩用非常高明的手段收服了嵇鹤龄。他的做法有两个不可忽视的作用：第一，从感情上打动嵇鹤龄。嵇鹤龄丧妻未久，除不多的几个气味相投的知己朋友之外，还没有多少人来吊唁，胡雪岩对于她的亡妻的真诚祭典，以及由此见出的对于嵇鹤龄中年丧妻的不幸的同情，一下子就打动了他。第二，帮在实处。嵇鹤龄一直没有得到过实缺，落魄到靠着典当过活的地步。帮在实处，便见真情，使嵇鹤龄更没有理由不感动。而且，更绝的是，胡雪岩知道嵇鹤龄有一种读书人的清高，极要面子，是决不肯无端接受自己的馈赠的，因此，他为嵇鹤龄赎回典当的物品，用的是嵇鹤龄自己的名号，并且言明，赎款只是暂借，以后嵇鹤龄有钱归还时，他也接受。这样，不仅为嵇鹤龄解决了实际的困难，而且也为他争回、保住了面子。有此两端，我们也就难怪嵇鹤龄这样一个十分傲气的读书人，会对胡雪岩这一介商人的行事作为刮目相看了。

胡雪岩的做法，其实也就是我们今天常常说到的做人的工作要以情感人的原则。动之以情，要人相信你的情是真的，自然要示之以诚。事实上，胡雪岩如此相待嵇鹤龄，虽然也是为了说服他而"耍"出的手腕，但在胡雪岩的心里，也确实有真心佩服他而诚心诚意地要结识他的愿望。胡雪岩虽是一介商人，但他也的确时常为自己读书不多而真心遗憾，因此也十分敬重真有学问的读书人。从这一角度看，胡雪岩对于嵇鹤龄的真诚，也是不容怀疑的。后来为了解决嵇鹤龄的困难，他还亲自作主，将王有龄夫人的贴身丫环嫁给了嵇鹤龄。他们两个人也结下了金兰之好。

像嵇鹤龄这样耿介清高的读书人，胡雪岩都能使之心悦诚服地为自己办事，这足以说他在用人方面手段之高明。高明就高明在胡雪岩不是那种重利轻义的商人，他为人做事很讲究"情义"二字。这使每一位在他手下办事的人，都觉得胡雪岩不仅是老板，还是朋友。

中华古国素为礼义之邦，不仅仅胡雪岩，还有许多成功的商人都是在生意中体恤下属、视若亲人的。与胡雪岩同时代的著名钱庄总管秦润卿，也是一个对待下属动之以情的典范。他不但对东家忠心耿耿，成为程氏家庭中不姓程的一个重要成员，而且对下属职员，也视同家人。其他钱庄经理，都是自己开小灶的，而他每天都与同仁同桌吃饭，过年过节甚至还自己掏钱请客。每当职员生病，他都亲自探望；每当职员家庭发生困难，他都全力接济。因此，职员们都把他当作自己的兄长，他每次外出办事，其他职员总要等他回来一起吃饭。他不管在不在庄里，大家都一样卖力地干活。下属的全力支持，正是他事业成功最重要的基础。

　　要想使手下对你长久地忠诚，只有金钱是不够的，只有体恤下属、视若亲人，处处以情义来打动下属，属下才会将心比心，把你看作是唯一的忠诚对象。

6. 精心栽培良才

　　企业经营中困扰许多经营者的问题就是眼看着许多有才华的人，却不能为自己所用。因此，培养自己的人才是许多具有远见卓识的企业家的共识。胡雪岩在这方面可谓不落人后。

　　胡雪岩对陈世龙的精心扶植与栽培就颇费了一番苦心。当年在去拜访湖州郁四的时候，胡岩由于并没有与郁四打过交道，因此在一间酒馆里，问有谁可以送他到郁四的住处。陈世龙走了出来，拉上黄包车，一直将胡雪岩送到目的地。胡雪岩在与陈世龙亲聊的过程中，发现此人不但头脑聪明，干事也挺利索，便想用此人日后为自己跑跑腿也是一件很好的事。后经过郁四的介绍，胡岩对陈世龙有了更多的认识。为了用人放心，他依然要先进行一番考察。因为陈世龙酷爱赌博胡雪岩便要求他若准备为自己做事的话就必须改掉这一恶习。为此胡岩特意给了陈世龙一笔钱，随后暗中派两个人跟踪他的足迹。结果跟踪的人发现陈世龙虽按耐不住赌瘾发作，进了赌场，但看了半天的"边风"，自己却始终未下注。因此胡岩对他的表现颇为满意。当然，这一切考察过程事后也一直没有告诉陈世龙。暗中考察才会得到真实的效果。这时胡岩的计划就是想把陈世龙送到上海去学洋文，将来他的丝业一定会发展到上海做销洋庄的。而且最重要的是与洋人打交道时，如果没有一个自己的人在生意中做翻译，那以肯定会吃很多亏。尽管事后形势发生变化，陈世龙也没有做成翻译，但这种胡雪岩考察并栽培人才的发展思路是值得学习借鉴的。后来的翻译由一位朋友古应春替代，而陈世龙则在湖州丝业生意中独挡一面，全权处理湖州的一切事务。

胡雪岩对陈世龙培养的方式在今天看来那完全是一种长辈教育晚辈的胸怀，宽厚、仁善、晓之以义，教之以理，加上陈世龙天资聪颖，学东西非常快，很快便可以独立做生意了，对师傅胡雪岩的一番用心栽培，陈世龙更是感恩戴德，为胡雪岩奔走劳累就更不辞辛劳、忠心耿耿了。

同样，玫琳凯视雇员为掌上明珠的故事也说明了这一点的重要性。

玫琳凯化妆品公司是世界上最成功的化妆品企业之一。它的创始人玫琳凯创业时没有任何值得炫耀的资本，但她却能在短短20年的时间里把一个只有九名雇员的小作坊发展为国际性大企业。这个奇迹的创造，是因为她拥有大批优秀的雇员，她深知人才的重要，总是不遗余力地给他们情感上的关怀。

玫琳凯不仅仅视美容师和推销指导员为"掌上明珠"，她把公司里的每一位员工都看作是重要人物，是值得尊敬和倍加爱护的对象。玫琳凯公司员工过生曰，都会收到一份生日贺卡和两份免费午餐招待券；在"秘书周"，所有秘书都会获得一束鲜花和一个咖啡杯；新的员工进入公司，第一个月内会获得玫琳凯亲切的接见，并被询问是否适应所担任的工作；公司的员工有什么委屈、困难，都可以直接找玫琳凯寻求帮助无论这些难题是否与工作有关，她都尽力帮助他们解决。1983年，玫琳凯得知公司的一名机器操作员的兄弟患了癌症，虽然他不是公司的员工，但玫琳凯还是给他写了一封信，并附上一首诗……

玫琳凯如此关怀备至和细心安排，使员工们从感情上依赖于玫琳凯，从行动上更加努力地服务于玫琳凯化妆品公司，使其不断向前发展。

玫琳凯的成功在于她靠人才、靠充分调动发挥人的积极性和创造性，她视雇员为掌上明珠，对员工生活上关心、人格上尊重、设身处地为雇员着想。根据人际关系投桃报李的原则，玫琳凯得到了应有的回报。玫琳凯化妆品公司由于上下一致，同心协力，成为一个具有极强的战斗力的集体，故而能够在激烈的竞争中脱颖而出，成为行业中的佼佼者。

做任何事情，一个人是撑不住的，但有的时候往往就没有现成的人才可以用，这就需要在做事情的过程中注意培养自己的手下，精心帮助他们成长，使有朝一日能够撑起事业的大梁。

7. 用人之所长

用人之所长，是胡雪岩用人的一条重要原则。在他看来，选取人才不是按是不是来划分，而应以特长来分。在用人时，要择人任用，使天资、性格、能力各有不同的人，在不同的岗位上各得其所，做到大才大用，小才小用，这样使他在自己能力范围内把事情做到最好。

胡雪岩在用人上，确有量体裁衣的本事，他开钱庄，办胡庆余堂，开当铺所用之人鲜有失误，这些都要归功于他能用人之所长。

　　太平天国运动期间。杭州城曾被太平军占领。后被清军收复。宛如沧海桑田，世事变迁。胡雪岩寒夜里不能入眠，听着远处传来"笃、笃、当，笃、笃、当……"的打更之声，顿时感慨万千。杭州城什么都变过，惟有这个更夫没有变过，夜夜打更，年复一年从未间断过。顺着这番感慨往下想，胡雪岩突然觉得这个更夫是个可用之人，因为他尽忠职守，非常认真。这样一件无趣之事他都能一本正经地坚持做下来，并且兢兢业业，从某种角度来说是个难得的了不起的人。如果雇佣他去巡守仓库，一定会做得非常好。于是胡雪岩第二天把他找来。让他做胡氏仓库的总巡视，这个更夫果然尽职尽责，从没让胡雪岩的仓库出什么差错。

　　说起来，胡雪岩的身边有很多优秀的人才，但如果他自己不能正确使用这些人才，处置不当，不能做到"随才量力"的话，这些人不但对他的事业无益，恐怕还会有所妨碍。可胡雪岩做到了，他根据个人能力和专长给他们安排合适的位置，这样一来使得人尽其力，最大限度地发挥了这些人的作用。

　　如陈世龙年轻、悟性高，胡雪岩就安排他做自己丝生意方面的帮手，还要求他学外语，以便将来和洋人打交道；老张为人本分，胡雪岩就让他当丝行老板，可以约束他那聪明却爱贪小便宜的老婆；古应春懂外语，了解洋人的一些习俗和洋行的规矩，善于和洋商打交道，胡雪岩便安排他打理和洋人有关的生意，如叛卖军火、买卖生丝等；尤五掌控漕帮，熟悉黑道规矩，胡雪岩就让他主持杭州经松江到上海一路的丝、粮水运；朱福年出身朝奉世家，对典当行业非常熟悉，胡雪岩就让他做自己典当行的主事；黄仪是丝行的"档手"，为人精明，文字功底好，胡雪岩把他安排在自己身旁做文书。这不都是恰当的人事安排么？

人才的招募固然重要，但给自己的人找到一个合适的位置，则更为重要。胡雪岩正因为有这份眼光和见识，才使自己在生意上处处得人相助，终于成就了一番伟业。

把一个合适的人放在一个合适的位置上，他就能够发挥出充分的作用。反之，如果，把一个人放在一个不合适的位置上，他非但发挥不出自己的长处，而且还会对整个工作造成十分不利的影响。

8. 用人也需疑人

胡雪岩在与人交往，笼络人心方面，确实有值得人称颂的地方，这也是他能够纵横商场，把自己的生意越做越大的重要原因，这当然也是他做生意的大本钱。但从某种意义上来说，他也有看人、御人过于宽厚的毛病，所以用人有时也需疑人。

胡雪岩在看人、用人的问题上，也并不是没有不需要批评的地方。他一向坚持看人多看优点，用人用其长处，不以恶意度人，尽量将人往好处看，从做人方面说，体现胡雪岩的仁厚和宽容，从任何方面说，也确实可以为自己招揽到很多能干的贤人，这无疑是优点。但这个优点，同时也是一个带有极大隐患的缺点，那就是容易放纵小人。而对小人的失察和放纵，必然会给自己带来极严重的后果。

事实上，胡雪岩倾颓的导火索正是他白手起家的阜康钱庄。

胡雪岩阜康钱庄的总经理叫宓本常，是个很有头脑的经营好手。胡雪岩用人坚持"用人不疑，疑人不用。"所以将阜康钱庄全国的分号大权都交到了他的手里。宓本常无疑是聪明人，但正因为他是聪明人，所以他也就难免有聪明人常有的想法：不甘久居人下。

在一个极其偶然的情形下，胡雪岩发现自己钱庄在经营上出现了问题。这个问题正是出在钱庄经理宓本常身上。

这天上午，胡雪岩心血来潮，突然一个人找了一座空茶楼喝茶，或许他想追忆当年在杭州信和钱庄当伙计的岁月，或许他想一个人清静一下，因为这个时候，他似乎已经感觉到有一张无形的大网向自己扑来。总之，他一改往日前呼后拥的排场，孑身一人去茶楼喝茶。

在茶楼，他选了一个雅间，这样他可以一边品着茶香，一边想着心事，不会再有什么人来打扰他。但他没想到，这里也不是世外桃源，旁边雅座里面几个人的说话声吸引了他的注意力。

"哎，你们听说没有，最近吴淞口又出事了？"

"是不是和外面的外国人又打起来了？"

"是呀！听说那些外国人的大炮可比八旗军的红衣大炮还厉害呢！"

这是几个闲客接着话茬在发问。先前说话的那位清了清嗓子继续说道："外国人倒是没打起来，不过这件事可也挺有意思的。"

在官府里当差当久了的人都这样，说话慢条斯理，故意吊人胃口，以显示他的重要。显然他的目的达到了，不单是他的茶友纷纷让他说出来是什么事，就是胡雪岩对他的话也产生了兴趣：什么事会比外国人打起来还有意思？

因为人声嘈杂，胡雪岩只能隐约听到"南北货"之类的话，这就点燃了他的兴趣。所谓"南北货"，就是把南方的货运往北方，再把北方的货运到南方。这样南北穿梭，赚取中间的差价。在商场中，"南北货"向来以高风险、高利润著称。可积压资金太多，如果没有雄厚的资金做后盾根本做不成，另外，由于路途遥远，容易发生不可测的情况，风险也随之增加，因此这种生意没有人敢轻易涉足。胡雪岩感兴趣的是想知道谁有这个胆识有这个财力敢冒这种风险。

隔壁讲了半天，胡雪岩才从中听出一点端倪来，原来有三艘做南北货的船昨天下午在吴淞口外遇到风暴沉没了。

胡雪岩不由心里一惊：三艘！这足以证明这个做南北货生意的人实力不容小觑。让胡雪岩纳闷的是，自己在沪杭之间这么久，全国的大商家没有几个不认识的？为什么从来没听说过有什么人这时候做这个生意。胡雪岩百思不得其解，只好凝神屏息地接着听那位仁兄讲。

此时，隔壁正在讲述三艘船上的珍奇货物，什么东北千年人参王、尺长梅花鹿茸……真是如数家珍，听得胡雪岩也暗自咋舌：这位老板实力也当真了得，将来要是真在上海现身，免不了还要加几分小心；或者，干脆与之联合，生意就更得心应手了。

隔壁那些人又开始议论起来，有人叹息货主命不好，有人说这货主怕是得罪了海龙王，等等众说纷纭。但大家感兴趣的是这三艘船的主人是谁。可这属于官场机密，爆料内幕的老李当然不能轻易地说出来。

最后，在大家的激将下，老李为了挣回面子，才迫不得已说道："这三艘船南北货的货主叫张连顺。"

"张连顺？"

"谁叫张连顺？"

"你听说过吗？"

"没有……"

那边雅间里又是一片嘤嘤嗡嗡的声音，显然，大家对这个答案都不满意，有几个人又开始怀疑这消息是真的还是假的了。胡雪岩也失去了兴趣，听够了这帮无聊茶客的闹剧，准备到别处走走了。

"也好，就让你们明白明白！"

胡雪岩刚要起身结账，听见那边老李把桌子一拍，说道：

"这个张连顺其实不过是个幌子，真正的大老板，是连顺的表哥……"

那边一片声地追问着表哥是谁。胡雪岩不由得又重新坐好。

老李故意又清了清嗓子，然后一字一眼地说道："这个张连顺的表哥就是——阜康钱庄的总经理宓本常。"

胡雪岩一听，差点儿从椅子上栽下来。那边雅座里自然也是一石激起千层浪，议论纷纷，不过胡雪岩再也顾不得听下去了，他这个时候所想到的就是：宓本常欺骗了自己，他做了手脚，现在必须马上赶到阜康，找到宓本常，查一查出入账目。

对老李的话，胡雪岩还将信将疑，如果那三船南北货的主人真是宓本常，那他的资本只能来自一个地方，就是自己的阜康钱庄。因为胡雪岩简直再清楚不过了——以宓本常可能调动的财力而言，如果全用他自己的钱，他连半船南北货也搞不来。

胡雪岩有些头晕了，他勉强站起身来，结完账，踉踉跄跄地朝阜康钱庄走去。他还从来没有像今天这样不愿意，甚至是怕进自己的钱庄。因为他已经预感到这里有他不愿看到的现实。

一踏进阜康钱庄，胡雪岩看到宓本常仍一如既往，谈笑风生。不过，胡雪岩却注意到今天宓本常的脸色不大好看。如果没有刚在茶楼听到的消息，胡雪岩可能不会觉得什么，但现在，胡雪岩很自然地把宓本常的脸色同昨天沉掉的三条船联系起来。

"本常，近来阜康的账目怎么样啊？"胡雪岩故意装得漫不经心地问了一声，不过他还是敏锐地注意到宓本常的眼珠非同寻常地飞快地动了一下。胡雪岩的心终于沉下去了，他知道不幸被言中了。

宓本常很自然地从后面捧出阜康收支的账簿，放到胡雪岩的面前说道："请大先生过目。"

胡雪岩点点头，很随意地在账簿间翻动着，他根本就没打算要在账上查出什么来，要是这样，宓本常也太蠢了。胡雪岩是钱庄的伙计出身的，也是从钱庄起家的，对钱庄里的一切他太了解了，他知道宓本常挪用的现银，只要在支取薄子上填上被储户提走就可以了。等钱赚回来，再把挪用的款子神不知鬼不觉地送回库里，宓本常要做的只是补贴挪款期间这笔银子的利息而已，但这些和所赚的钱相比，几乎是不值一提的。

现在，胡雪岩大致掌握了宓本常挪用阜康库银的情况。宓本常以储户提存名义挪出去的库银，目前为止还有七十几万两。照胡雪岩的估计，那三艘船上面的货物，大概就有 60 万两，而这 60 万两是名副其实的打水漂了。

俗话说，贼是小人，智过君子，在这个世界上，许多极坏的事，其实都是有本事的人做出来的。事实上，小人确实做不出也做不成可以让人注意的好事，但做出的坏事却是能够彻底葬送掉费尽千辛万苦打下的江山。有了胡雪岩的前车之覆，足以为后来者提供借鉴。所以，要切记：用人也需疑人！

9. 鼓励下属大胆决策

从商务运作、商机把握的角度看，在职责范围内放手让自己的下属做主，是十分必要的。一个简单的事实就是，如果那些伙计们只知道看老板的脸色，等着老板的指令行事，而不能放开手脚，当机立断，果断决策，迅速行动，当老板的不仅会在事必亲躬的繁忙中不能抽身，而且必定会因为办事者的犹豫延误，错失许多不可多得的良机。

胡雪岩对古应春的任用，就充分体现了他鼓励下属大胆决策的思想。

古应春在当时是一个"假洋鬼子"式的人物。他精明强干，更令胡雪岩看重的是他通晓外文。熟悉和洋人打交道的一切规矩，因此胡雪岩将生丝销洋庄的生意交给他来打理。找买主、谈价钱、签协议等等，一切和生丝生意有关的事务。全由古应春一人决策，不必请示胡雪岩。

权责是相辅相成的，胡雪岩深谙此道，他赋予一个人多大的权力，同时也给这个人多大的责任。古应春尽心尽力，自始至终都没有辜负过胡雪岩。而胡雪岩则也有更多的精力来开拓新的生意，真是一举两得。

不仅对于能干的下属，胡雪岩能充分授权，即使对于老实巴交的渡船夫老张，胡雪岩也是如此。

老张在胡雪岩的资助和妻女的鼓励下，在湖州开了第一家丝店。这老张本是个渡船夫，一辈子没见过什么大世面，丝行刚开业时，他根本就不晓得如何打开局面，更不敢把摊子铺大。胡雪岩几次派人催促，要他马上寻找一间气派、宽敞而又临街的房子搬家，因为他们全家还住在船上。可老张一拖再拖，直到胡雪岩再一次来到湖州时，他还住在船上。老张不敢将摊子铺大，主要是因他担心架势摆开了，弄得轰轰烈烈，而自己却照应不来，以后难以收场，那就辜负了胡雪岩的信任，因而他下不了决心。

胡雪岩到达湖州后，将老张找来进行开导。他对老张说，只要丝行开张，他们就会有流水进账，因此要勤要快，不要怕出错，早出错是好事，等到摊子真的铺开了，那时再出错损失就大了。这番话使老张心里有了底，回去之后立即放开手迅速行动起来。

丝行的生意越做越红火，最后逐步扩展成了胡雪岩事业中非常重要的一部分。

胡雪岩善于把握大局，有战略眼光，大的方向正确了，在个别环节和一些细节上即便出了问题，也不至于影响全局。因而，应该鼓励下属大胆行动，决不能瞻前顾后，事事观望请示，不然轻则错过时机，重则影响全局，正所谓"棋错一招，满盘皆输"。

鼓励下属，发挥他们的能动性是非常重要的。尽管老板和伙计是雇佣关系，伙计的主要职责是圆满地完成老板交待的任务，但这并不意味着两者只是服从与命令的关系。职责范围内充分授权，使伙计充分发挥自己的才干，才可以真正达到用人的目的。

胡雪岩的分工授权思想，使他身边聚集了一批有才干而又肯为他效命的人，成就了他一生的伟业。

同样，巴西赛式工业集团也充分运用鼓励员工大胆决策的理念，创造出了骄人的业绩。

当今巴西最负盛名的企业集团——塞氏工业集团，创造出一种旨在最大限度发挥员工积极性、创造性的全新管理模式。

塞氏企业是个生产多种机械设备的大型集团。几年前，理查德·塞姆勒从父亲手上接管塞氏时，它还是个传统的公司：有金字塔式的组织结构及种种规章，是一个集权模式的大型企业。

塞姆勒自然也知道高压管理能创造收益，以统计数字为武器的强干经理们也可以主导业务，但塞姆勒也很清醒地意识到，这种管理模式正在逐渐丧失优势，其核心——集权管理，束缚了员工们的创造力，因此，他决定进行变革。

塞姆勒采取的第一项措施就是取消公司内部一些陈腐的规定。他认为，这些规定只会使奉命行事的人感到被动，从而阻碍他们主动性的发挥，不利于员工做一些强性应变措施。

改革后的制度增强了员工的独立权力和自主性。

首先是生产自主性。每位员工都会手持一本 20 页的小册子，重点是提醒大家用自己的常识判断和解决一些问题。工人可以自订生产目标，不需劳驾管理人员督促。主管们都享有相当大的自主权，自行决定经营策略，不必担心上级的干预。

其次是管理自主性。在做一些事关重大的决定时，例如是否要兼并某公司，塞氏一律进行全公司的投票表决。工人们也可以自由取阅一些公司的账册，公司与工会设计了专门的课程，教会全体员工如何看各种财务报表。其中最特别的是，员工可以无条件地决定自己的薪水，因为塞氏主动提供全国薪水调查表，让员工比较其他公司拥有相当技术和责任的人拿多少薪水。

塞姆勒毫不担心有人会狮子大开口。事实证明，要某些人提高自己的薪水，还得花上一番功夫呢。

公司没有秘书，没有特别助理，塞姆勒不希望公司有任何呆板而又没有任何发展的职位。塞氏曾做过实验，将一叠文件放进作业流程，结果要三天才送到隔壁办公室对方手里。这更加坚定了塞姆勒精简组织、减少管理层的决心。

塞姆勒不像其他公司老板那样事必躬亲。早上他一般是在家里办公。因为他认为那样比较容易集中精神。他经常鼓励其他经理在家里工作。此外，他每年至少外出旅行两个月。每次旅行决不留下任何联络的电话的号码，也不打电话回公司。他希望塞氏的每一个人都可以独立工作。

塞姆勒这种分权的管理手法令塞氏公司充满了活力。

经过一系列组织的变革后，塞氏还完全改变了部门之间的合作方式。如某个部门不想利用另一部门的服务，可以自由向外界购买，这种与外界竞争的压力使每个人都不敢掉以轻心。最近，塞氏还鼓励员工自行创业，以优惠的价格出租公司的机器设备给创业的员工，然后塞氏再向这些员工开设的公司采购。

当然，这些创业的员工也可以把产品卖给别人，甚至是卖给塞氏的竞争对手。

为了使公司内部的员工们能够对彼此的工作性质充分了解，增加协调性，塞勒姆还在公司内部采取了工作轮换的方式。塞勒姆认为，人的天性是闲不住的，在同一个地方工作太久了，难免会觉得无聊，这样会导致积极性的下降，进而导致生产率的下降。员工们通过工作轮换加深了彼此的了解，有利于企业内部和睦气氛的营造。

此外，塞氏处理各项工作的速度很快，无形当中为员工增添了巨大的压力，塞氏非常重视为员工充电，也就是休假制，借此机会可以使员工得以重新审视个人的工作生涯与目标。

现在，每周三下午总会有几十个世界著名企业，如通用汽车、IBM、柯达、雀巢等的主管来到巴西的圣保罗市郊，参观塞氏这种全新的管理模式。

最令参观者吃惊的是塞氏的快速成长。在巴西乃至全球经济不景气的情况下，塞氏近十几年来增长率高达100%以上，生产力提高了近10倍，利润上升了7倍。

在巴西一家著名杂志对大学应届毕业生所做的调查中，25%的男生和20%的女生都说塞氏是自己最想进的公司。就现代管理的发展趋势来看，分权模式的作用越来越重要，这是迄今最能发挥员工主观积极性的管理方式。在分权的基础上，进行有效的协调与管理，避免企业因分权而混乱，才能最大限度提高企业的战斗力。

第七章　胡雪岩的经商智慧

1. *名气大了，钱也就好赚了*

胡雪岩认为，要想在生意场上获得成功，首先是要做出名气。名气一响，生意也就自然热闹起来。也正因为如此，胡雪岩才非常重视借助官场势力做自己的招牌，而且决不放开任何一个能够赚取名气的机会。

胡雪岩的阜康钱庄开办之初，胡雪岩就想好了把阜康钱庄名气做大的方法。因为只有做出了名气，才能使得阜康财源滚滚。

但是怎样才能尽快把名气做大呢？胡雪岩想到了一个锦囊妙计，他把总管刘庆生找来，说："你马上替我开立十六个存折，每个折子存银二十两，一共三百二十两，挂在我的账上。"刘庆生见胡雪岩迫不及待地要开这么多存折，如坠五里云雾，莫名其妙，但既然东家吩咐了，只好照办。等刘庆生把十六个存折的手续办好，送过来之后，看着刘庆生仍然疑惑的目光。胡雪岩说："世上有两种有钱人，一种是大家都知道的有钱人，这种有钱人是实实在在看得见的。一种是财不外露，虽然有万贯家财，但外表上看起来与穷光蛋没什么两样的有钱人。如今第一种人大都把钱存入了钱庄，这种生意肯定不好做，因此阜康钱庄只好锁定第二种人。"

刘庆生听了有些茫然地问："胡先生，你这话很有道理，可是，这种人既然财不外露，一定有他的顾忌，或许是偷来的，或许是骗来的，或许是受贿来的。""正是如此。"胡雪岩点头道，"你想想，这些人的钱来路不正，平素一定不敢把大笔银子存入钱庄，只好掘地三尺，藏在家中。"刘庆生还是不解地问道："胡先生，你越说我越糊涂了，既然你知道他们的顾忌，那你还想让他们把银子存过来？"胡雪岩说："你想想，大笔的银子、金锭放在家中，埋在土里，成天提心吊胆，怕小偷来偷、怕下人发现、怕强盗来抢、怕官府来查，这样的生活，有再多的钱又有什么意思呢？"刘庆生点头说："的确如此，不过你到哪儿去找这种人呢？"

胡雪岩说："依我看，这种人一种是官老爷，他们刮地皮、收贿赂，得了大笔银子不敢让人知道；还有一种便是江湖强盗，钱是他们抢来的、骗来的，自然也不敢轻易示人。"刘庆生纳闷道："当然啦，这些人绝对不敢把银子拿出来。"胡雪岩说："我要做的便是主动出击。"刘庆生颇感兴趣地问："如何个出击法？"胡雪岩说："江湖人物自然先挂不上边，我们先从官老爷那儿着手，我刚才让你开的存折，都是给抚台和藩台的眷属们立的户头，并替她们垫付了底金，再把折子送过去，当然就好往来了。"刘庆生一愣，说道："给她们有什么用呢？"

胡雪岩哈哈一笑说："庆生啊，这你就不懂了。俗话说男人当官，女人理财。这些官太太、姨太太每晚都在官老爷耳边吹枕头风，那些想求官老爷办事的人，最有效的方法便是打通官太太、姨太太。她们手里的银子可不少！但是这些官太太、姨太太平时足不出户，这些私房银子只好日夜放在闺房中，咱们这次把折子发到她们手中，存款取款一律上门服务，不怕她们不动心。"稍微停顿了一下，胡雪岩进一步解释说："再说，咱们给她们免费开了户头，垫付了底金，再把折子送过去，她们肯定很高兴，她们的碎嘴就会四处宣传，这样，和她们往来的达官贵人岂不知晓？别人对阜康的手面，就会另眼相看了。咱们阜康钱庄的名声岂不就打出去了？以后还怕会没生意做吗？""原来如此！"

刘庆生心领神会地点了点头，心中暗自佩服胡雪岩的生意头脑，"那我立即就把这些存折给太太、小姐们送去。"

刘庆生把存折送出去没几天，就有几个与官府有往来的大客户前来开户。从此之后，来阜康钱庄开户的人越来越多，并且都是一些官场中人，连巡抚都来阜康钱庄开户了。既然连官场都这么看重阜康钱庄，那么，对于那些老百姓来说，就更加信任阜康钱庄的名气了，于是，他们源源不断地来阜康钱庄存款，一时间，车水马龙，阜康钱庄的银库一下子就满了起来。

2. 把顾客当做上帝

商场服务的最高宗旨就是把顾客当做上帝。

谁赢得了顾客，谁就赢得了市场，谁的企业就能够有所发展。所以"顾客是上帝"的说法已经被人们普遍接受。正如马克思在《资本论》中所说的："商品到货币是一次惊险的跳跃。如果掉下去，那么摔碎的不仅是商品，而是商品的所有者。"

而怎样才能赢得顾客呢？

心里只想着自己，而不为顾客考虑，是不可能赢得顾客的。只有一心想着顾客，想顾客之所想急顾客之所急，才能更好地满足顾客要求，赢得顾客，从而成就自己的事业。

胡雪岩认为，"顾客是养命之源"，商号的兴衰盈亏，全要靠顾客，只有得到顾客的信任与扶持，才有店铺的兴盛。

所以，胡雪岩把"顾客乃养命之源"作为"胡庆余堂"的店规，他要求店员把顾客当做活命源泉、衣食父母来尊敬，在这种思想的指导下，胡庆余堂除了严把质量关之外，还通过优质服务来赢得顾客。胡雪岩说："冷语伤客六月寒，微笑迎宾数九暖，如果对顾客不理不睬，甚至恶声恶气，商品再好，门面再漂亮，也会使人望而却步。"所以在胡庆余堂，"学徒刚进店，就要学习如何接待顾客"，"顾客到店后虽未到柜，店员就要先站立主动招呼顾客，绝对不能背朝顾客；顾客上门，不能回绝，务使买卖成交；顾客配药，不能缺味，务使顾客满意而回。"有这种一流的服务，胡庆余堂能成为与"同仁堂"比肩而立的大药店，也是理所当然的了。

胡雪岩本是朝野闻名的"红顶商人"，身为二品大员，赐穿黄马褂，准予骑马进京。这样的殊荣也许别人一辈子都享受不到，这样的身份也许会让人想起胡雪岩肯定会是一个高高在上的经商者，但事实却正好相反。胡庆余堂开张之初，胡雪岩本人还头戴花翎、胸挂朝珠、身穿官服，郑重其事地亲自接待顾客。

胡庆余堂开张之后，有一次，一位远道而来的顾客在胡庆余堂买了一盒诸葛行军散，打开来一看，露出不满意的神情。胡雪岩见到之后，急忙走过去，把药要过来看了看，看到此药确实有欠缺的地方，他于是向顾客再三表示歉意，让伙计去换一盒新的诸葛行军散。但不巧的是，那一天的诸葛行军散恰好已经卖完了。胡雪岩想到顾客远道而来也不容易，于是他就把顾客留下来住下，一切伙食归胡雪岩料理，并且向他保证，三天之内一定配出新药。三天后，胡庆余堂果然把诸葛行军散又赶制了出来，胡雪岩亲自把药送到顾客的手上。这位顾客被胡雪岩的这种服务感动了，于是逢人便说胡庆余堂的服务真周到。

同时，在胡庆余堂，胡雪岩还专门为顾客设置了休息室，以便顾客买药治病的时候有一个地方可以休息。每年杭州城流行病爆发的季节，胡庆余堂就免费供应清凉解热的中草药汤和各种痧药；在每年的杭州城庙会时期，胡庆余堂就降价销售药品；遇到危急病人，不管什么时候都会接待就诊，哪怕是在隆冬腊月的夜晚也不例外。如在哮喘高发期的冬天，半夜三更常有病人敲门求药，值夜药工必定遵守胡庆余堂为急症病人现熬鲜竹沥的规定，劈开新鲜的淡竹，在炭炉上文火烘烤，待竹沥慢慢渗出，再用草纸滤过，当场让病人喝下。熬一剂竹沥一般要花两个钟点，病人一多，所需时间就更长了，但药工们总是急人所难，耐心细致的做好服务工作。

正是胡庆余堂这种优质的服务和过硬的质量，把顾客作为自己的“养命之源”，真正地实现了“顾客是上帝”的宗旨，所以，使得胡庆余堂在一百多年的发展中，至今仍然是国字号大药店，同时，也使得胡雪岩在激烈的竞争中立于不败之地。

3. 招牌所在，人心所向

对于一家企业或一家店铺来说，招牌就是它们的灵魂，只要招牌出来了，就不愁别人不知道有这样的一家店或企业。因此，要办好企业，往往得先打出旗号，亮出招牌，让人家认识你或美丽或独特的脸孔，借以吸引更多的顾客，从而达到扩大、发展事业的理想目标。这是古今所有实业家必须遵循的一条规矩。

胡雪岩在创办自己的钱庄时就十分注重钱庄的招牌，他知道招牌出来了，那么生意自然而然就会来。

由于自己是没有读过书的人，于是胡雪岩就把给钱庄写招牌的事让给了王有龄。王有龄尽管是个读书人，但是对于题招牌之事，也是第一次，题诗题画倒也简单，但是对于经商的招牌，就不知道是怎么个起法了。胡雪岩虽然不知道题定招牌的遣词用字，但他知道题定招牌很有讲究。他认为，不管什么生意，招牌一定要响亮，容易上口，而且还要与众不同，省得跟别人搅不清楚。此外，既然是开钱庄，那肯定要和钱庄有关，要吉利。

胡雪岩尽管没有读过什么书，但是他说的这几点，确实是起好招牌的关键所在，可见胡雪岩尽管没有读书，但是见识倒也不少。招牌要容易上口，就是说招牌要响亮，简洁明了，通俗易懂，读起来朗朗上口，让人一看就能记住。如果招牌用字生僻，读起来拗口，自然不会给人们很深的印象。招牌要与众不同，就是使自己的招牌显得特别，能在同行同业中引人注目。用现代商务运作的观点看，一个与众不同的招牌，实际上意味着一种独立的品味和风格。招牌要合适，因为每个行业都有自己的特点，店铺取名时，能结合本行业的特点，符合营运商品的要求，让人一看招牌就知道这家店铺是干什么的，自然也更容易让人注意。而招牌要吉利那就更不用说了。因为中国人特别讲究彩头，因而定招牌时特别讲究用字的吉利，这也符合商场上人们的一种普遍心理。商场上，无论买卖双方，都希望能够大吉大利，谁也不会喜欢自找晦气。

根据胡雪岩的这几点要求，王有龄想起了《华阳国志》上有这么一句话："世平道治，民物阜康。""阜"为大，并且此字还有丰富、盛多之意。"康"为安，屈原在《离骚》有词曰："日康娱而自忘兮。"李善注："康，安也。"另外，该字也有广大之意，如人人皆知的"康庄"一词。可否用'阜康'二字？可以说完全符合了胡雪岩的要求，因此胡雪岩将这两个字念了两遍之后，立即欣然同意，"好极！就是它。"

4．"戒欺"是发展的保障

生意场上的"戒欺"指的就是产品质量要货真价实，不能欺骗顾客。

一个企业如果没有把产品质量放在至高无上的地位，市场就会把企业淘汰出局，若将不合格产品蒙混过关进入市场，必然被消费者所唾弃，犹如饮鸩止渴，所以广告、推销都只是一时之策，要想使企业真正地长远发展下去，那么，质量才是重中之重。

绝大多数企业也都知道，质量是企业的生命，是企业走向市场的通行证。企业生产的产品或提供的服务若没有质量就等于没有生命，企业若不注重和讲究质量同样是自取灭亡。

胡雪岩就非常注重产品的质量，光绪四年（1878 年），胡雪岩亲自写了一块"戒欺"匾，悬挂在胡庆余堂的大厅内。匾曰："凡百贸易均不得欺字，药业关系性命，尤为万不可欺！余存心济世，誓不以劣品弋取厚利。惟愿诸君心余之心，采办务真，修制务精，不至欺予以欺世人，是则造福冥冥。谓诸君之善为余谋也，可，谓诸君之善自为谋也，亦可。""采办务真，修制务精"，讲的就是产品的质量，这是胡雪岩经商中"诚欺"精神的具体体现，也是胡雪岩创品牌的重要手段。

"采办务真"是胡雪岩保证药店产品质量的首要前提。由于作为中成药主要原料的品种多、分布广、属性复杂，仅典籍所载就有3000多种，而中药特点是多味配方，每味药材的真伪优劣直接关系到药品质量。一旦掺假，疗效就大不一样。有鉴于此，胡雪岩每年都派熟悉药材产地、生长季节、质量优劣的专人到全国各地的药材产区收购道地药材，如：到河北新集、山东濮县等处收购驴皮；去淮河流域采办怀山药、生地、牛膝、金银花；去陕西、甘肃等地采办当归、党参、黄芪；去江西樟树采购贝母、银耳；去四川、贵州等省采办麝香、贝母、川莲；去湖北汉阳采办龟板；去东北三省采办人参、虎骨、鹿茸；向进口行家直接订购外国的豆蔻、西洋参、犀角、木香。"胡氏秘制辟瘟丹"由胡雪岩邀集江南名医，收集古方验方，以74味药材研制而成，其中有一味叫"石龙子"，就是我们俗称的四脚蛇，可是能够入药的，却惟有在灵隐、天竺一带金背白肚的"铜石龙子"。为了这"道地"两字，每年入夏，胡庆余堂药工携师带徒，一起到灵隐、天竺捕捉。久而久之，连灵隐寺的僧人也熟悉了胡庆余堂这一惯例，只要听说是胡庆余堂来抓石龙子，总会提供方便，让他们采药济世。直接从产地进货可以克服从药材房进货中间环节多的弊病，从而降低了成本，使胡庆余堂能以低于别家药店的价格销售产品，让利于消费者，更为重要的是能够确保药材质量。

"修制务精"就是在原料加工到成品制作的全过程中要精工细作，绝不允许偷工减料。如治疗癫狂症的"龙虎丸"，内含剧毒药品砒霜，按古方炮制规定，用白布把砒霜包起来再嵌入豆腐中，文火慢煮，待豆腐变黑（即砒霜中的部分毒汁被豆腐吸附）才能入药。为了防止服药者中毒，严格要求把已排除部分毒汁的砒霜与其他磨成细粉的药味搅拌得非常均匀。"局方紫雪丹"是一种镇惊通窍的急救药，在制作过程中因其中一味"朱砂"易与铜或铁发生化学反应，为确保药效，胡庆余堂不惜工本，耗黄金4两多、白银4斤，打造成金铲银锅，专门用于紫雪丹的生产。

同时，胡雪岩在胡庆余堂的经营过程中，还引用"真不二价"的准则。关于"真不二价"，还有一段传说，在古代有个叫韩康的人，精通医药，以采药卖药为生，市场上别的卖药者常常以次充好，以假乱真，买主讨价喋喋不休，而韩康卖的都是货真价实的药材，他不许讨价还价，他说我的药就值这个价，叫"真不二价"。

于是胡雪岩把"真不二价"引用了过来，就是想向顾客证明，胡庆余堂的药，货真价实，童叟无欺，只卖一个价。胡雪岩为了得到正宗的鹿茸，自己就亲自饲养鹿。并且胡庆余堂在制作全鹿丸时，要叫伙计穿着号衣抬着活鹿，扛着写有"本堂谨择某月某日黄道良辰虔诚修合大补全鹿丸，胡庆余堂雪记主人启"的广告牌，敲锣打鼓游街一圈，然后回来当众宰杀，以示货真无诈。

"戒欺"是一种理念，更是一种文化，它贯穿在胡庆余堂的生产经营活动中，就像一股甘泉，不断地滋润着胡庆余堂每一个药工的心田。在胡庆余堂内，有一副对联恰好是对"戒欺"的一种诠释，"修合无人见，诚心有天知"。"修"是指药材的整理加工，"合"是指撮药配方。修合虽无人见，但苍天在上，天理昭昭，惟有诚，方可得信于消费者，这种诚信制药，才是天道所在。《胡庆余堂雪记丸散膏丹全集》的序言中也有这样的警言："莫为人不见，须知天理昭彰，近报已身，远及儿孙，可不敬乎，可不惧乎！"这种观点，虽说带有浓厚的宗教"轮回"色彩,但实际上是在强调胡庆余堂的道德自觉。

胡庆余堂力行"戒欺"、"采办务真,修制务精"的结果是成功地推出了一大批名牌产品,有佛兰西洋参、安宫牛黄丸、局方牛黄清心丸、六味地黄丸、人参再造丸、神香苏合丹、琥珀多寐丸、外科六神丸、局方黑锡丹、大补全鹿丸、诸葛行军散、局方紫雪丹、十全大补丸、八宝红灵丹、太乙紫金锭、济生归脾丸、精制猴枣散、喉症锡类散、八仙长寿丸、梅花点舌丹、立马回疔丹、百益镇惊丹、大山人参、胡氏辟瘟丹、小儿回春丸,等等。以上产品为胡雪岩开辟了滚滚利源,也在顾客心目中树起一块"雪记"金字招牌。

5. 做生意也要讲文化品位

重农抑商是中国历代封建王朝的固有观念,其主张是重视农业、以农为本,限制工商业的发展。从商鞅变法规定的奖励耕战,到汉文帝的重农措施,直到清初恢复经济的调整,都是重农抑商政策的体现。

所以,商人在古代社会中的地位是极其低下的。洪武十四年,朱元璋特意规定,农民可以穿绸、纱、绢、布四种衣料,而商人却只能穿绢、布两种料子的衣服。同样,商人科举、做官,都受到种种的刁难。

因此,千百年来,商人都被描述成"贾竖子",是满身"铜臭味"的人,这种人肯定是被那些步入仕途的读书人所看不起的,在读书人的心目中,无商不奸,那就更不用说文化品位了,压根儿就沾不上边。

但胡雪岩身为一名商人，尽管也没有读什么书，但他做生意就讲求一种文化品位。胡雪岩在胡庆余堂开办之初，对于地址的选择就花了很长一段时间，最后他把地址选在了吴山脚下的大井巷，这是有他的深意的。

吴山坐落于西湖南面，春秋时期，这里是吴国的南界，由紫阳、云居、金地、清平、宝莲、七宝、石佛、宝月、骆驼、峨眉等十几个山头形成西南、东北走向的弧形丘冈，总称吴山。吴山不高，但由于插入杭州市区，其东、北、西北多俯临街市巷陌，南面可远眺钱塘江及两岸平畴，上吴山仍有凌空超越之感，且可尽揽杭州江、山、湖、城之胜。吴山为山不高，主位独好，林茂泉丰，山上山下四通八达，南宋以来，祠庙寺观越建越多，至明清，商业店肆纷纷挤入，步步楼台，处处寺庙，香客游人摩肩接踵，一片热闹景象。城隍庙是吴山上最大的神庙，仿宫殿式建筑。庙内空庭中古木参天，气象森严，大樟树郁郁葱葱。在人们心目中，城隍庙不可等闲视之，以至连山名也因此庙而顺口叫做城隍山了。

并且吴山历史悠久，有很多古迹，如春秋的伍子胥庙，晋朝的郭璞井、宋代的东岳庙、明朝的城隍庙等。在吴山的山岗上，因石灰岩长期溶蚀作用形成了一组惟妙惟肖的"十二生肖石"，山顶上有一座高8米、双层重檐的江湖汇观亭，登上此楼北望西湖明澈似镜，南眺钱塘江宛若锦带。到了清朝雍正年间，"吴山太观"被列为"西湖十八景"之一，这个景区又包括金地笙歌、瑶台万玉、紫阳秋月、三茅观潮、鹿过曲水、鹤步寒山、峨胥月照、梧岗飞瀑、枫岭红叶、云居听松等"吴山十景"。

在这样的一个充满文化气息的风景名胜地建造胡庆余堂，肯定能提升胡庆余堂的文化品位。

同时，胡雪岩在对胡庆余堂的摆设设置方面也体现出了高雅的文化品位。进入胡庆余堂的大门就是门庭，过了门庭拐弯就是一条长廊。在长廊的石壁上挂着 36 块用银杏木精制、黑底金字的丸药牌，如安宫牛黄丸、大补全鹿丸、外科六神丸、胡氏辟瘟丹、十全大补丸、小儿回春丸等等，牌上标明各种丸药的主治功能，于装饰之中巧妙地为顾客提供了极好的药材和药品性能的说明，既传播了中医药知识，又起到广告的作用。

长廊的末端有四角亭，檐挂精雅的宫灯，描绘了中医始祖神农尝百草、白娘娘盗仙草、桐君老祖白猿献寿以及李时珍、朱丹溪的故事，栩栩如生。看到这些装饰画，让人们容易浮想联翩，如登仙界，使人们在得到美的享受之余，还能从这些神话人物和古圣先贤中领略到源远流长的中医文化。

穿过长廊往右拐就是第二道门，门楼两边有"野山高丽东西洋参，暹罗官燕毛角鹿茸"的对联，上端横卧一方"药局"匾。跨过"药局"门楼的青石门槛，便来到坐北朝南、金碧辉煌的营业大厅。大厅正中摆着"和合"的柜台，两边挂着"饮和食德，俾寿而康"的青龙招牌，"和合"柜台两侧有两副对联，外面一副是"庆云在霄甘露被野，余粮访禹本草师农"，横批是"真不二价"，里面一副是"益寿延年长生集庆，兼吸并蓄有用有余"，中间上方挂"庆余堂"横匾。两副对联笔法遒劲，古色古香。

此外，在建造方面，胡庆余堂具备了江南园林大红漆柱、镏金描彩、雕梁刻枋、飞檐镂格等古仆典雅的特点，小巧而不失灵气，精致而不失宏伟，是我国古代建筑史中不可多得的建筑群。

由此可以看出，胡庆余堂不管是在选址、摆设还是建造方面，都具有很高的文化品位，与众极端不同，突出了自己的个性。其本身的文化品位与杭州吴山这样一个具有文化内涵的地方结合在一起，相得益彰，从而赢来许多顾客，带来可观的收入。

6 做生意要有活络的头脑

一说到商人，人们想得最多的一个词就是精明，精明是什么？精明就是有灵活的头脑，有发现商机的眼光。商人是精明的，商人要是不精明，怎么能赚到钱呢？所以，精明已经成了商人最基本的素质，最重要的品质。

胡雪岩作为一名商人，也有他的精明之处，他认为，做生意一定要活络，这种活络就是要能发现别人发现不了的东西。

杭州城有一家"孙春阳"南货店，是一个叫孙春阳的人开办的，孙春阳本是一个读书人，由于屡试不第，于是不再考取功名，弃文从商。因此就在杭州城开了这家店铺，专卖小食品。这家店铺的经营方式非同一般，它仿照朝廷设吏、户、礼、兵、刑、工六部的方式，分南货、北货、海货、腌腊、蜜饯、蜡烛六房办事。前堂不存货物，只负责收款开票，后堂则只管凭票发货。所以，在这家店的店中，只能看到店员和顾客，货物则在店中是看不见的。顾客买东西，付钱之后得到的是一张小票，直接到后面取货。除了经营方式独特之外，这家店所售的小食品也全部为精品，货色地道，足斤足两且老少无欺，故而虽历明、清两朝，有二百多年的历史，名声却一直不衰。

有一次胡雪岩的小妾大病初愈，想吃火腿，于是胡雪岩亲自去这家店，但胡雪岩还有别的事要办，因此他在柜台交款开票之后到货房去交涉，想请店里派人将他买的货送到他的家里去，但货房却拒绝了。这家字号自恃牌子硬，说是没有为客送货的规矩，他们也不想应时而变改掉这不为顾客送货的"老规矩"。

在胡雪岩看来，店规不是死板的。有些事不可通融，有些事却要改良。所谓变通变通，变则可通，通则可久，事物总是在随着时势发展的不断变革之中获得不衰的生机。于是胡雪岩感觉到为顾客送货上门绝对是一种提高服务质量的方法，这种方法尽管会花费更多的人力与物力，但是能赢得顾客的心，以此扩大招牌的名气。

从此，他就在他的胡庆余堂提供这样的一种服务方式，只要是杭州城内，顾客有需要就送货上门。这样一来，杭州城内没有人不知道胡庆余堂的。

胡雪岩就是有这样一种活络的生意头脑，他开钱庄的时候就想着去做蚕丝生意销"洋庄"、做粮食生意，在做着蚕丝生意的时候又想起了开药店、办典当行业，胡雪岩这样四面出击，不断为自己广开财源的灵活手法，确实不能不让人叹服。事实上，做生意最没出息的，就是死守着一方天地。一笔生意再大，也只能有一次的赚头，一个行当再赚钱，也只是一条财路。要广开财源，死守着一方天地是绝对不行的。所以胡雪岩说，"做生意要做得活络，这里的活络，自然包括很多方面，但不死守一方，灵活出击，而且想到就做，决不犹豫拖延，应该是这'活络'二字的精义所在。"正是有了这种活络的头脑，才有了他发现商机的眼光。

7 要从正道取财

"君子爱财，取之有道"，这是中国流传了几千年的一句古语。这里"道"的所指，不同的人，一定有不同的理解。但不管怎样理解，这个"道"包含着正道、正途的内涵，则应该是不可否认的。所谓正道、正途，说得通俗一点，也就是不坑蒙拐骗，不走邪门歪道，按规矩去赚钱。用我们今天提倡的话来说，也即通过正当的途径，依靠自己的诚实劳动去积累财富。

只要按规矩取财，只要得之于正道，君子也不会以爱财为耻。

那么胡雪岩的规矩与正道的原则为何呢？

首先一点是，"要从正道取财，不要有发横财的心思。"胡雪岩说："一个人只要踏上正途，勤勤恳恳去巴结，自然不会有发横财的心思。"

"君子爱财，取之有道"是胡雪岩在与人谈生意经的时候，常常挂在口头上的一句话，而且，他在说这句话时，大体都赋予它一种告诫警醒的意味。

一个取得了辉煌的成功，几乎懂得所有敛财门道，且自诩只知道"铜钱眼里翻跟斗"的商人，把这简简单单的八个字挂在嘴边，常常用他来警醒自己和告诫同行，这本身就值得深思。

这里所说的"道"，无疑应该包含具体的经商技巧，通俗的说，也就是赚钱的诀窍。不用说，经商就是为了赚钱，就是要把别人口袋里的银子"掏"到自己腰包里来。商人图利，对于经商者来说，千来万来，赚不到钱不来，赔本买卖更不能来。要光明正大从别人口袋里"掏"来银子，而且还要能让别人心甘情愿地让你来"掏"，自然也不是一件容易办到的事，这里也自然有一些必需的技巧和诀窍，这也就是人们常说的"生财之道"。不懂得生财之道，"君子爱财"终归只是爱爱而已，绝对是取之不来的。

胡雪岩精于生财之道，他注重"做"招牌、"做"面子、"做"信用；广罗人才，经营靠山；施财扬名，广结人缘……这些措施，就是他的生财之道，而且也确实行之有效。比如他在创办自己的药店"胡庆余堂"之初，策划的那几条措施：三伏酷热之时向路人散丹施药以助解暑，丹药免费但丹药小包装上都必须印上"胡庆余堂"四个字；正值朝廷花大力气镇压太平天国之际，"胡庆余堂"开发并炮制大量避疫祛疬和治疗刀伤金创的膏丹丸散，廉价供应朝廷军队使用等等。用现代经营眼光来看，这些措施具有极好的扩大声誉、树立企业形象、提高企业知名度、开拓商品市场、建立商事信用的作用。正是靠了这些措施，"胡庆余堂"从开办之初就站稳了脚步，很快成为立足江浙、辐射全国的一流药店，且历数十年而不衰，而由"胡庆余堂"建立起来的胡雪岩的声望、影响所形成的潜在效益，对胡雪岩的其他生意如钱庄、丝茶、当铺等的经营，也起到了极好的作用。

不过，这里的"道"，应该更是指取财于不违背良心、不损害道义的正道，而且，胡雪岩说到"君子爱财，取之有道"这八个字时，取的应该也正是这层意思，要不然，他也不会一次次地告诫他的手下，一定要在正途上去"勤勤恳恳去巴结"，不要有"发横财的心思"。

从某种意义上说，商道其实也就是人道。经商之道，首先是做人、待人之道。一跤跌进钱眼里，心中只有钱而没有人，为了钱坑蒙拐骗，伤天害理，便是奸商。奸商与奸诈无耻等值，这种人钱再多，也为人们所不齿。

君子爱财，取之有道，具体说来，也就是要依靠自己的胆识、能力、智慧，依靠自己勤勉而诚实的劳动去心安理得地挣取，而不是存一份发横财的心思靠旁门左道的钻营去"诈"取。有一句俗语，说是"马无夜草不肥，人无横财不富"，其实这既是一种很平庸、很没有意思的说法，也是一种实实在在的误解。真正做出大成就的成功的商人都知道，商事运作是最要讲信义、信誉、信用，最要讲诚实、敬业、勤勉的，一句话，就是要于正途上"勤勤恳恳去巴结"，生意才会长久，所得才是该得。

马需要夜草催肥有道理，但人必须有横财才能富起来，却实在并不一定。事实证明，依赖横财可以富得一时，但要富得长久却并不多见。明世宗嘉靖年间，奸相严嵩倒台之后被抄没家产，从他家里抄出的金银珠宝及其它器物的估价，达 236 万两，另在他的老家袁州的田产，占到一府四县土地的七成以上。他的儿子严世藩比严嵩更甚，家中光是藏金银的地窖就查出十数个，每个所藏金银都达百万两之巨，连严嵩知道以后都吓得直冒冷汗。他们的这些钱财无疑都是得自邪门歪道的横财，当时也的确是富过帝王家而"甲天下"了，但最终结果又如何呢？连一代都没有富下去便落得灰飞烟灭。这样的横财，带给他们的不是长久的平安富贵，而是灭门之祸。所谓飞来的横财不是财，带来的横祸恰是祸，说的就是这个道理。

也许正是懂得"道"的这一层含义，胡雪岩自己也特别注意尽可能从正道取财，例如他开药店要求成药的修合一定要货真价实，决不能"说真方，卖假药"，不能坑蒙拐骗；例如他与朋友合作，都是真诚相待，互利互惠，甚至宁愿自己吃亏，也决不亏待朋友。这都能看出胡雪岩作为一个商人的人品。而且，胡雪岩经商从来不违背下面几条原则：

第一，可以为了钱"去刀头上舔血"，但决不在朝廷律令明白规定不能走的道上赚黑心钱；

第二，可以捡便宜赚钱，但决不去贪图于别人不利的便宜，决不为了自己赚钱而去敲碎别人的饭碗；

第三，可以借助朋友的力量赚钱，但决不为了赚钱去做对不起朋友的事情；

第四，可以寻机取巧，但决不背信弃义靠坑蒙拐骗赚昧心钱；

第五，可以将如何赚钱放在日常所有事务之首，但该散财行善、掷金买乐时也决不吝啬，决不做守财奴。

胡雪岩的时代离我们今天已经一百多年了，时移世易，今天的商界自然也不是那时的商界。不过，为商之道，古今相通者多多，胡雪岩的经商原则，应该是能给今日商界中人提供某种借鉴的。

再一点就是要"从正路上去走，不做名利两失的傻事。"

"做生意还是从正路上去走最好。"这话是胡雪岩对古应春说的。

胡雪岩与庞二联手销洋庄，本来一切顺利，不想庞二在上海丝行的档手朱福年为了自己"做小货"——也就是拿着东家的钱自己做生意，赚钱归自己，蚀本归东家——中饱私囊，从中捣鬼。为了收服朱福年，胡雪岩用了一计，他先给朱福年的户头中存入五千银子并让收款钱庄打个收条，然后让古应春找朱福年，将这五千银子送给他，就说由于头寸紧张，自己的丝急于脱手，愿意以洋商开价的九五折卖给庞二，换句话说，也就是给朱福年五分的好处，这五千银子就是"好处费"。这算是胡雪岩与朱福年之间的一桩"秘密交易"。不过，这笔"秘密交易"一定要透给庞二。

朱福年收下这五千银子，也就入了一个陷阱：他如果敢私吞这笔银子，胡雪岩托人将此事透给庞二之后，朱福年必丢饭碗；如果他老老实实将这笔钱归入丝行的账上，有这一个五千银子的收据在手，也可以说他借东家的势力敲竹杠，胡雪岩与庞二本来是联合做洋庄的合作关系，朱福年如此做来，等于是有意坏东家的事，实际是吃里扒外，这样，他也会失去了庞二的信任。总之，就用这五千银子，胡雪岩要让朱福年"猪八戒照镜子，里外不是人"。

胡雪岩的计划果然生效，朱福年不仅老实就范，并且还退回了那五千银子。而此时的古应春也因恨极而"存心不良"，另外打了一张收条给他，留下了原来存银时钱庄开出的笔据原件。古应春把原件捏在手上，是想不管朱福年是不是就范，都要以此为把柄，狠狠整一下他。但当古应春将此事告诉胡雪岩时，胡雪岩对古应春说了一番话，胡雪岩说："不必这样了。一则庞二很讲交情，必定有句话给我；二则朱福年也知道厉害了，何必敲他的饭碗。我们还是从正路上去走最好。"

从胡雪岩的话中，我们可以知道，胡雪岩所说的正路，有一层能按正常的方式、正当的渠道就不要用歪招、怪招的意思。从某种意义上说，胡雪岩制服朱福年的办法，就是一种诱人落井、推人跳崖的十分阴狠的一招，的确有些歪门邪道的意味。在胡雪岩看来，这种招术，只能在万不得已时偶而为之，一旦转入正常，也就不必如此了。言谈之中可以看出，胡雪岩对于自己在不得已制服朱福年的一招，心里是持否定态度的。

胡雪岩所谓做生意从正路上走最好，还有一层意思，是指做生意不能违背大原则。什么钱能赚，什么钱不能赚，更分得清楚，不能只顾赚钱而不顾道义。

比如胡雪岩做生意并不怕冒险，他自己就说过："不冒险的生意人人会做，如何能够出头？"有的时候他甚至主张，商人求利，刀头上的血也要敢舔。但他同时也强调，生意人不论怎样冒着风险去刀头舔血，都必须想停当了再去做。有的血可以去添，有些就不能去舔。有一次他就给自己的钱庄档手刘庆生打了一个比方：譬如一笔放款，我知道放款给他的这个人是个米商，借了钱去做生意。这时就要弄弄清楚，他的米是运到什么地方去。到不曾失守的地方去，我可以借给他，但如果是运到"太平军"那里，这笔生意就不能做。我可以帮助朝廷，但不能帮助"太平军"。

在胡雪岩心里想，他是大清的臣民，通过帮助朝廷而赚钱，自然是从正路赚钱，太平军自然是"逆贼"，帮助他们就是"附逆"，由此去赚钱，自然不是从正路赚钱，违背了这一大原则，即使获利再大，也不能做。

撇开胡雪岩以大清臣民自居而鄙视太平军这一点不论，仅从做生意的角度看，胡雪岩的说法和作法，应该是很能给人以启示的。事实上，做生意不能违背大原则，要牢牢把握一个正路，即使仅从商人求利的角度看，也是完全必要的。做生意从正路去走，往往可以名利双收，即便一笔生意失败了，也有东山再起的希望。而违背道义，不走正路，必将遭人唾弃，一旦失败往往一败涂地，名利两失，不可收拾。不用说，一定要去做遭人唾弃、名利两失的事情，那就实在是愚不可及了。

只有做到上述两点，做生意之人才算是君子，生意之道才能是正道。

学而思之：坚持从正道取财，虽然财富增加的速度要小一些，但因为它是正道，它能历经起时间和历史的考验，能够持久存在而不会像那些从歪道取财的昙花一现一样。这是真正的智慧。

第八章 胡雪岩的善行智慧

1 为富且仁是赚钱的根本

孔子的核心主张是"仁",他要求统治者实行"仁政",就是说统治者统治老百姓的时候不能采用暴力的手段,而要采用安抚的手段、和平的手段。

"为富不仁"这一成语讲的就是一个人富裕了还在欺压穷人,或者说这个人之所以富裕就是因为欺压穷人的结果。《白毛女》里的黄世仁就是一个典型的为富不仁的人,喜儿的父亲还不起债,而黄世仁就要霸占喜儿来抵债,喜儿逃婚跑入深山老林成了白毛女,后被经过此地的革命军相救,结果黄世仁肯定是没有好下场的。

不管是孟子的"性善论"还是荀子的"性恶论",都似乎在告诉我们,"善"与"恶"永远都是一种辨证的关系。"勿以恶小而为之,勿以善小而不为"一直在告诫我们不要为富不仁,要不然肯定没有好结果,天理昭昭,疏而不漏。

胡雪岩是一个富裕的人,并且是一个富可敌国的富人。但他的富裕却不是因为为富不仁而得来的,他富裕了也没有去做那些欺压百姓的事,相反的,他一心在做好事、做善事。

　　雍正年间，京城里有一家规模很大的药店。这家药店制药选料特别地道，连皇帝都很信任他们的药，让他们承揽了为宫中"御药房"供应药品的全部生意。有一年"春闱"期间，由于前一年是个暖冬，没下多少雪，而一开春就气候反常了，导致春疫流行。赶考的举子们病倒了很多，有能够坚持的，也多是胃口不好，萎靡不振。由于古时科举考试的地方极其狭小，只能一个人活动的空间，并且只要进去考试了，不管时间多久，都要等考完了才能出来。在这样的环境中，春疫流行导致很多举子都不能参加考试了。

　　面对这样的情况，这家药店赶紧配制了一种专治时疫的药散，并托内务大臣奏报雍正皇帝，说是愿意将此药散奉送每一个入闱考试的举子，让他们带入闱中，以备不时之需。雍正皇帝本来就有些为当年会试能否顺利进行担心，有此好事，自然大为嘉许。于是这家药店派专人守在贡院门口，赶考举子入闱之时，不等他们开口，就在他们的考篮里放上一包药散。这些药散的包封纸印得十分考究，上有"奉旨"字样，而且在药包的另一面把自己药店的名称印在上面。

　　结果，这些药也许确实有作用，这一年入闱考试中途出场的人数大大减少。这一来，出闱的举子，不管中与不中，都来感谢这家药店。并且这些举子是来自全国各地的，他们把这家药店的声誉带到了他们的家乡，使天下十八省都知道了京城里的这家药店，这家药店的生意一下子就兴隆起来。胡雪岩得知了这条消息之后，他也想采用同样的方法来做一些好事，同时也扩大胡庆余堂的名声。但是怎么送？送给谁呢？是送给举子吗，会试的时间还没有到，根本就没有举子。最后胡雪岩想到了一条妙计，那就是送给军队，因为当兵的人也是来自全国各地的，他们不仅能把自己的药店名号带到全国各地，而且军队里的人比举子们不知道要多多少倍，军队里本身所需要的量就大得多。这个时候正是官兵与太平军作战的时期，既然是战争，肯定会有死伤，此时免费送药或者只收成本送药，肯定会受到军队统帅的欢迎。当时，南京已经被曾国藩的湘军拿下，清廷派重兵驻扎在南京外围，成为"江南大营"。胡雪岩于是准备大量应急药材，赠送给江南大营，尽管这是一些小药品，譬如诸葛行军散之类，但是这对于减少军队死亡方面的作用来说却是巨大的。由于这些药品确实有效，于是胡雪岩和湘军、绿营达成协议，军队只要出本钱，就由他派人去购买原材料，召集名医，配成金疮药之类的药品，送到营中。左宗棠知道后，感叹道："胡氏为国之忠，不下于我。"胡雪岩的仁举换来了封疆大吏左宗棠的一句盛赞，而这一句盛赞，对于借助官场势力的商人来说，就更能博得众人的信任与支持。同时，由于战乱，老百姓辗转流离，因而瘟疫、病患常常是防不胜防。但是这些逃难的老百姓又没有钱来治病，所以，在逃难途中因瘟疫、疾病死去的人不计其数，基于此，胡雪岩下令各地钱庄，另设医铺，有钱收钱，无钱白看病，自送药。正是胡雪岩的这种行为，使得天下人都知道，浙江有个"胡善人"。他为军营送药，曾国藩忍不住夸他，左宗棠也忍不住夸奖他，而使他成为忠义之士，最后因为左宗棠一道上书，使得朝廷赐予他红顶戴，黄马褂，可以骑马进京，这可是当时最荣耀的事。同时，由于这些被赠与对象的称赞，胡庆余堂的名声得以远扬传播，声名传开之后，就可以和清军粮台打交道，建立正式的官方销售渠道，把药材卖到军队里去。这样的生意，说实在的，真是一辈子吃不完。胡雪岩这一招，真称得上是"一箭双雕"，既做了好事，又带来了生意。这就是胡雪岩为富且仁的精神，胡雪岩富可敌国了，但仍然"有慈善心，肯施惠于广大群众"，他为自己树立起一座高大的丰碑，给自己带来了数不尽的财富。

2 做好事和赚钱是相照应的

俗话说，"饥寒起盗心"，一个地方越贫穷，那么这个地方的小偷、抢劫的事就越多，而一旦一个地方富裕了，那么小偷小摸的事也就自然而然减少了。因为处于饥寒交迫之中无路可走的人，在一种求生本能的驱使之下，自然要千方百计为自己谋一条生路，这是很正常的事。

这就像历史上的农民起义一样，其根本原因还是因为农民太贫穷了，其实每一个朝代都发生农民起义，每一个朝代的农民起义原因是一样的。在历史上，由农民起义建立的政权也不少，这些统治者刚建立一个政权的时候，由于自己也是从农民中出来的，让农民休养生息，减轻农民的赋税，分给农民土地。但是过了几代人之后，那些统治者就早忘了他祖先时的政策了，加之他们又没有吃过苦，没有经历过他们祖先所经历过的生活，统治越来越腐朽，对农民的剥削也就越来越严重，此时的农民不仅要缴纳沉重的赋税，而连自己安身立命的一点点土地也没有了，真正成了无立锥之居的人。这时候，他们真正成了一无所有的人，一无所有了就会使得他们无牵无挂，于是就起来反抗朝廷。这就是中国几千年来封建王朝更替的轮回。也许各朝的农民起义具体原因多种多样，但是根本原因则只有一种。

就像明朝一样，有历史学家评论说，明朝灭亡一个方面的原因是自然灾害的发生。因为自然灾害的发生，就导致了农民的生活更加艰难，但是他们所承担的赋税却不会因为这种艰难而有所减轻，所以李自成才会起义反对朱家王朝。

从这些事情就看得出来，一个国家要想稳定，就得依靠统治者的政策，同样的，一家企业的稳定，也需要管理者的政策，而作为商人，要想市面稳定，除了国家稳定这个大前提之外，也是需要策略的。

胡雪岩身为一位商人，他的策略就是做好事。所以他说："我们做生意赚了钱，要做好事。我们做好事，就是求市面平静。"

胡雪岩在湖州开办丝行后，当时已经是八月中旬，正是最热的时节，他就吩咐丝行档手黄仪准备一些茶水和药物，把这些东西摆在丝行的门口，黄仪于是在丝行门前摆出了一座木架子，木架子上放了两只可装一担水的茶缸，装在茶缸里的茶水还特意加上清火去毒的药材，茶缸旁边放上一个安了柄的竹筒当茶杯，路人可以随意饮用。并且胡雪岩还特意从胡庆余堂运来一些辟瘟丹、诸葛行军散等常用药物，在丝行门口贴上一张告示：本行敬送辟瘟丹、诸葛行军散，请内洽索取。这样一来，丝行门前就火起来了，过路人喝茶水的，有的喝完坐下来聊聊天，有的人进去索要药品，热闹非凡。黄仪认为这样可能会影响丝行的生意，因为人实在太多，丝行的许多伙计都去帮忙派发药品了。但胡雪岩却仍然坚持照此办理不辍。他的意思很明确，施茶施药是件实惠的好事，既已开头，就要做下去，再说一来丝已收得差不多了，生意不会受太大影响，二来前来讨药的人虽多，但实际花钱有限。再说，丹药可不像银子一样越多越好，讨过药的人会不好意思再来讨，施药的第一天人多是一定的，过两天必然会逐渐减少。正是胡雪岩的这种施善行为，使得他的丝行生意红红火火，湖州的蚕农由于胡雪岩的这一种行为，每年收丝时节，都会把最好的丝送到胡雪岩的店里来，因为胡雪岩为他们做了许多的好事。也正是这些高质量的丝，使得胡雪岩的生丝销洋庄生意特别好做，因此，胡雪岩也坚持施茶送药，成了他的丝行收丝时节必有的节目，后来还扩大到药店。而且除此之外，在饥荒战乱年景他设粥厂、发米票，天寒地冻之时他施棉衣……这些好事，不仅为胡雪岩赢得了巨大的利益，还为他赢得了"胡大善人"的名声。也许有人要反问，商人是重利之人，胡雪岩既然是一个商人，那么他也会重利，一分钱总要有一分利的回报才是正理，并且胡雪岩自己也说过："商人图利，只要划得来，刀头上的血也要去舔。"这么一个重利之人居然愿意花这种钱去做好事，这实在让人想不通。可这正显示了胡雪岩比一般的商人要高明，一般的商人在人们眼里都是一些奸猾的小人，不管怎么样都消除不了商人在人们心目中的这种成见。可胡雪岩却消除了人们对他的这种成见，尽管别人也叫他胡老板，但是他是别人心目中的"胡大善人"。之所以在胡雪岩身上能改变人们对商人的看法，就是因为他做好事，同时，做好事还可以换得市面的平静。就如胡雪岩所说的"做生意第一要市面平静，平静才会兴旺"。市面平静也就是社会安定，社会安定了，那么生意也就好做了。

所以，不管别人怎样的不屑为，胡雪岩还是把这种别的生意人所不为的事做得乐此不疲。

胡雪岩说："行善益多，市面越稳。"说的就是做好事对于稳定市面的作用，胡雪岩的原则是赚了钱就要多做好事，这样不仅能为自己赢得名声，还能为自己的生意营造一个比较安定的社会环境。

3 为别人打伞就是为自己打伞

我们在电视里或者小说中看到过这样的情景,一伙占山为王的强盗挡住了某人的去路,然后说:"此路是我开,此树是我栽。要打此处过,留下买路财。"要是没有钱就得吃这些强盗的板面刀。

但是,这个人就会说他没有钱,希望这些山大王行个方便,放他一条生路。这种情形下,为什么叫这些强盗放自己一条生路就叫行个方便呢?因为事情小,所以就叫行个方便。在荒寂野外,一个人被一群强盗给围住了,这个人的生命在那些杀人不眨眼、只认钱不认人的强盗眼里,犹如蝼蚁。

所以,给不给那个人一条活路对于那些强盗来说,也就是小事一桩。因此,叫那伙强盗放了自己就顶多是行个方便而已。

另外,这个人之所以这样说,除了是在求这些强盗之外,还有一种对强盗的心理贿赂。生命对于每一个人来说多么重要,可以说是最珍贵的,但是在这些强盗眼里,让不让你活,却原来只是小事一桩,高兴了就让你活,不高兴了就不让。这个人这么一求,这对于这些强盗来说,是最顺耳的话,让他们觉得自己高高在上,可以随意决定别人的生死。

在这种心理作用下,也许会放那个人一条生路也说不定。

因此,给人方便就只是做一件小事而已,在"给"的人也许只是一件小事,举手之劳而已,可对于"被给"的人来说,也许就是大恩了。但是不管事大事小,给人方便就是给自己方便。

这也许有因果报应的"宿命论"在里面,但是,我们凭自己可行之力给别人一点帮助也不希望别人就一定要给自己一点方便，如果自己给别人方便了，也希望别人能给自己方便，这样的话，那就失去了帮助的意义了。

胡雪岩就是一个时时给别人方便的人，因为他知道，自己有能力给别人方便就尽量地给别人方便，自己没有能力了那就另当别论。胡雪岩的生意越做越大之后，他有了一种好习惯，就是不时地会叫一些大掌柜来讨论投资的事情，因为胡雪岩知道，这些大掌柜都是一些见过大世面的人，有些本来就是一些独立门户的人，只是被胡雪岩收服了，就在胡雪岩门下办事。所以叫他们来有利于一些好的意见的提出。胡雪岩的有些投资就是在这种情况下产生的。

一天上午，胡雪岩把这些大掌柜叫来，在自己的客厅里商谈最近投资的事情，但是由于有好几位丝行的掌柜在最近的投资中盈利不大，使得胡雪岩满肚子的不高兴。尽管这些人的投资也盈利了，但是由于盈利太少，就使得投资的资金没有起到应有的作用，胡雪岩是一个讲求资本效益最大化的人，他不满足于仅仅只是微薄的盈利。于是胡雪岩绷着个脸，教训起这几个大掌柜，告诉他们下次投资时必须分析市场，不要贸然投入资金，要让投入的资金最大地发挥它们的作用，要不然还不如投资。

胡雪岩话音刚落，外面就有人禀报，说有个商人有急事求见。胡雪岩急忙走出去，看见前来拜见的商人满脸焦急之色，肯定是有什么重要的事情。于是他叫这位商人先坐下，再叫下人给这位商人倒了一杯茶，给他压压惊。原来，这个商人在最近的一次生意中栽了跟头，急需一大笔资金来周转。为了救急，他拿出自己全部的产业，想以六十万两银子的价格转让给胡雪岩。

胡雪岩一听，既然这位商人都愿意变卖产业了，肯定是遇到了大麻烦，要不然也不会拿自己的产业来变卖的。要知道，把产业变卖了，那可就是一无所有了。但是这位商人又是一位让人尊敬的人，因为他宁可变卖自己的家产，也要还人家的钱。

面对这种情况，胡雪岩不敢怠慢，让商人第二天来听消息，自己连忙吩咐手下去打听是不是真有其事。手下很快就赶回来，证实商人所言非虚。胡雪岩听后，连忙让钱庄准备银子。因为对方需要的现银太多，钱庄里又不够，于是，胡雪岩又从分号急调大量的现银。第二天，胡雪岩将商人请来，不仅答应了他的请求，还按市场价八十万两银子来购买对方的产业，这个数字大大高于对方转让的价格。那个商人惊愕不已，不明白胡雪岩为什么连到手的便宜都不占，坚持按市场价来购买那些房产和店铺。

胡雪岩知道商人内心肯定充满了疑问，于是就叫商人坐了下来，胡雪岩告诉商人，他不买他的产业，只是借八十万两银子给他，他的这些产业只是一些抵押品，暂时帮他保管。只要商人什么时候有钱了，什么时候来赎回都行，赎回的时候在原价上再多付一些微薄的利息就可以了。胡雪岩的举动让商人感激不已，商人二话不说，签完协议之后，对着胡雪岩深深作揖，含泪离开了胡家。胡雪岩的这一举动就让人不明白了，有的大掌柜只是少赚了一些钱就被胡雪岩训斥了半天，而别人送上门来的肥肉却不吃，拿八十万两银子这样去投资，那不是赚钱更少了吗？大家就去问胡雪岩原因。

胡雪岩就对他们讲了一段自己年轻时的经历："我年轻时，还是一个小伙计，东家常常让我拿着账单四处催账。有一次，正在赶路的我遇上大雨，同路的一个陌生人被雨淋湿了。那天我恰好带了伞，便帮人家打伞。后来，下雨的时候，我就常常帮一些陌生人打打伞。时间一长，那条路上的很多人都认识我了。有时候，我自己忘了带伞也不用怕，因为会有很多我帮过的人为我打伞。"

说完，胡雪岩微微一笑："你肯为别人打伞，别人才愿意为你打伞。那个商人的产业可能是几辈人积攒下来的，我要是以他开出的价格来买，当然很占便宜，但人家可能就一辈子翻不了身。这不是单纯的投资，而是救了一家人，既交了朋友，又对得起良心。谁都有雨天没伞的时候，能帮人遮点雨就遮点吧。"

众人听后，久久无语。后来，商人赎回了自己的产业，也成了胡雪岩最忠实的合作伙伴。从那之后，越来越多的人知道了胡雪岩的义举，官绅百姓，都对有情有义的胡雪岩敬佩不已。胡雪岩的生意也好得出奇，无论经营哪个行业，总有人帮忙，越来越多的客户来捧场。

八十万两银子，对于当时如日中天的胡雪岩来说，确实是小菜一碟。但是他的这一举动却成就了那位商人，使得他保全了自己的产业，对于这位商人来说，胡雪岩的这一举动是莫大的恩德，难怪他要感激胡雪岩了。

在别人患难之时我们不能落井下石，这样看起来我们是少得了一些利益，但是，从长远来说，未来的利益并不是眼前那点点利益所能够比的。

4 有钱了就要多做好事

我国的税收原则是取之于民，用之于民，意思就是说，国家从纳税人手中收取税收，国家就把这些钱用于公共事业建设、福利、保险，方便纳税人的生活。

　　和国家税收的性质相同的是富人使用他们的财产。一些人成为大富翁之后，就开始想着怎样来回报社会了。我们知道比尔·盖茨曾经以几百亿美元的个人财产荣登世界富人榜榜首，他和他的妻子成立了一个基金会，向非洲的贫困地区每年都捐助许多钱，以帮助非洲人民战胜饥饿、疾病、战争的威胁。中国影视巨星李连杰也成立了"壹基金"基金会，向贫困地区提供资助。中国华人首富李嘉诚每年都会向香港捐款上亿港币来兴办教育。香港的邵逸夫就更多了，全国各地都有"逸夫图书馆"、"逸夫教学大楼"……这都是他出资捐建的。他们之所以这样做就是因为在他们的心里，有一份社会责任感，自己富裕了，时刻不忘回报社会。

　　1866 年，胡雪岩在萧山准备开一家阜康钱庄的分店，选好了地址与负责人，胡雪岩就去萧山举行开张仪式。因为从杭州去萧山要过钱塘江，在当时，因为没有桥，所以主要的过江工具还是渡船。从杭州去萧山的这一条道是主要的交通要道，做生意的、外出游玩的，各种各样的人，可谓热闹非凡。在胡雪岩过江的时候，人也很多，渡船上的人非常挤。又加之风比较大，江上的波浪比较大。正在渡船上的人都苦于太拥挤的时候，突然一个破浪劈来，渡船晃动了好几下，使得渡船上的人都东倒西歪的。而胡雪岩也由于受不得颠簸，一不小心，把一个孩子手里拎着的竹篮儿撞翻了，篮子里的豆腐全掉在了船头上。于是那小孩拉住胡雪岩的衣服，哭着说："这是我娘叫我买的豆腐，现在被你打翻了，你要赔钱。"胡雪岩见状，赶快从口袋里摸出一块银子，边把银子递给小孩边安慰他道："别哭，这是钱。"小孩看到是一块银子，说："不要这么多钱，我只买了六文钱的豆腐。"这下可把胡雪岩给难住了，因为胡雪岩身上没有六文钱的零钱，并且他也从来不带零钱。正发愁时，身后有个声音传来: "先生，我借给你。" 胡雪岩回头一看，原来是个小货郎。胡雪岩道了一声谢谢，便接过了钱，交给了小孩，然后写了一张借据递给小货郎，说: "借条上有我的地址，欢迎你随时来我家做客。"

时间很快就过去了，一晃数年，小货郎早就忘了这六文钱的借据了，因为钱太少，没有把它当一回事。而胡雪岩也随着生意的越做越大，早把这事忘得一干二净了。这个小货郎叫俞奂生，是萧山人。长大以后，到杭州的一家船厂去学习打铁，因为杭州兴办洋务，造船工厂很多，俞奂生通过熟人介绍，进了福政船厂，这家船厂里的铁匠叫陈三九，他就成了陈三九的徒弟。

但俞奂生是一个机灵的人，在学艺期间很讨师傅陈三九喜欢，师徒俩感情很好，等俞奂生长到 19 岁的时候，陈三九就把自己的女儿秀英嫁给了他。

俞奂生和秀英结婚后，小两口日子过得和和美美。一天，秀英在家里整理东西，从丈夫的衣箱里发现了一张六文钱的借据，落款人是远近闻名的胡雪岩。秀英觉得奇怪，就去问丈夫俞奂生。俞奂生就把几年的事情经过原原本本地告诉了他。当秀英听说胡雪岩这样的大商人还向小货郎借钱时，乐得笑弯了腰。

夫妻俩在家里的笑声，被正进门的陈三九听到了。陈三九年轻时候也在钱庄干过，只是后来才转业打铁的。他看了借据说: "这张借条用处很大，你快去找胡雪岩，如此如此，看他怎么说。" 于是，俞奂生带着借条去找胡雪岩，胡雪岩正在账房间和伙计们商量事情，见到俞奂生的借据，于是想起了数年前在钱塘江渡船上的一幕，就对账房先生说: "请你把本息一起算给他。"

账房把借据拿过来一看，只见上面写着: 借钱六文，本息隔日加倍奉还。于是他就拿起算盘算了起来，不算不要紧，一算可就把账房给吓了一大跳。当账房算到第三十天的时候，胡雪岩要还的钱就已经是六十四亿四千二百四十四万五千八百二十四文。于是他把胡雪岩拉到一边，对胡雪岩耳语道："这笔账这么多年，按照这样的利息，要真的把本息给他的话，恐怕把整个胡庆余堂给他都不够这笔钱。"胡雪岩大吃一惊，眉头紧皱，陷入了沉思。

俞兔生见状，就把早已准备好的计划对胡雪岩说了出来，"胡老板，账不用算了。今天我是特地来交还借据的，顺便求你一件事，钱塘江的渡船太小了，来往行人非常不方便，能否请胡老板慷慨出资，多造几条船……"

胡雪岩听到这里，眼睛一亮，连声说："好好好，我来办个义渡一切开支由我支付。"

"胡老板，那谢谢你了，我替大家谢谢你了。"说完，趁胡雪岩点火吸烟时，拿过借据烧了。

这就是胡雪岩办义渡的原因，尽管是为了自己的信用，但是胡雪岩为造福一方的爽快仍然是值得我们尊敬的，要不是为了还钱，如果有人向胡雪岩提出这样的要求，胡雪岩也会义不容辞的。

附录一：胡雪岩生平大事年表

1823 年（清道光三年癸未）

胡雪岩出生，小名顺官。父鹿泉、母金氏。胡雪岩居长，下有月桥、秋槎、鹤年三弟。

19 世纪 40 年代（道光后期）

胡雪岩因父死家贫，进钱庄当学徒，后升"跑街"。期间，结识并资助捐班候补的福建人王有龄。

1860 年（咸丰十年庚申）

胡雪岩自开钱庄。

2 月底、3 月初，太平天国李秀成部入浙，胡雪岩向浙江按察使段光清建议自练一支亲兵，并承担练兵费用的储兑业务。

3 月 19 日（二月二十七日），太平军第一次占领浙江省城杭州。

5 月，王有龄赴浙江巡抚任从苏州带饷银 20 万驰援。

胡雪岩受王有龄倚重，办理粮械、综理漕运，几乎垄断浙江省大半的战时财经。

1861 年（咸丰十一年辛酉）

5 月初，太平军第四次入浙。

11 月上旬，李秀成部围攻杭州，杭城粮尽信绝，出现人吃人的惨剧。胡雪岩受王有龄委派，与湖州豪绅赵炳麟微服赴沪采购粮米和军火。

12月29日（十一月二十八日），太平军第二次攻破杭州，王有龄自杀。

1862年（同治元年壬戌）

2月（农历正月），因饷道受阻、未能把上海购来的米运入杭城的胡雪岩见杭州城破，改作客商模样，溯江行抵江西，拜谒新任浙江巡抚左宗棠。

春，左宗棠引军东进，至衢州乏粮，军士欲哗变。胡雪岩将事先屯积于此的20万石谷献给左军，左赞他为"一时豪杰"。

胡雪岩获左宗棠信任后，往来于上海、宁波等地，经办粮台转运、接济军需，联合驻宁波的法籍军官组成中法混合的"常捷军"，共同镇压太平军。

1864年（同治三年甲子）

4月1日（二月二十五日），左宗棠军在"常捷军"洋枪洋炮掩护下，攻入杭州。7日（三月初二日），左宗棠进驻杭州。

此时，胡雪岩协助左宗棠处理善后事宜：经理赈抚局，设立粥厂、难民局、善堂、义塾、医局，掩埋暴骸，恢复"牛车"，劝捐。

同年，胡雪岩开始营造杭州元宝街花园宅第，穷极奢华。

1865年（同治四年乙丑）

1、2月间（农历正月），调任闽浙总督的左宗棠上奏要求把在浙江的胡雪岩调往福建，作为在闽"修明政事"的"治事之才"，获同治皇帝批准。

1866年（同治五年丙寅）

左宗棠接受胡雪岩献议，向清廷奏请设立福州船政局，获准。筹办之初，胡雪岩与法人德克碑、日意格议定（《船政事宜十条》），并一手经理出入款项和局务。1868年1月，福州船政局正式开工。

1867 年（同治六年丁卯）

胡雪岩担任上海转运局委员，负责购运西洋军火、转运东南协饷，协助督办陕甘军务的钦差大臣左宗棠镇压捻军和回民起义。

4 月，胡雪岩为左宗棠借洋款 120 万两，这是第一笔西征借款。

1868 年（同治七年戊辰）胡雪岩为左宗棠借洋款 100 万两，这是第二笔西征借款。

1872 年（同治十一年壬申）

8 月，胡雪岩将捐制的加厚加长棉衣 2 万件及他劝捐的棉衣裤 8000 件运交左宗棠西征军后路粮台。这年冬天，甘肃大寒，这些冬服无疑是雪中送炭。

1873 年（同治十二年癸酉）

5 月，左宗棠上奏为胡雪岩的母亲胡金氏赏匾，获准。

1874 年（同治十三年甲戌）

胡雪岩在杭州涌金门外（今南山路）购地 10 余亩，造屋建胡庆余堂药号胶厂。

1875 年（光绪元年乙亥）

本年前后，胡雪岩开始做丝生意。

春，胡雪岩向英商怡和洋行借洋款 100 万两，向丽如洋行借洋款 200 万两，这是第三笔西征借款。

5 月 3 日（三月二十八日），左宗棠被命为钦差大臣督办新疆军务。

1876 年（光绪二年丙子）

左宗棠第二次出关西征，去新疆平定阿古柏之乱。胡雪岩继续担任西征军驻上海转运局委员，承担购运西洋军火、筹借洋款等事务。

12 月 12 日 （十月二十七日），左宗棠致信胡雪岩，要求速解洋枪洋炮，应前敌之用，并商议借洋债 500 万两。

1877 年 （光绪三年丁丑）

6 月，胡雪岩向英商汇丰洋行借贷 500 万两，这是第四笔西征借款。

年底，胡雪岩从杭州回上海途中，在余杭塘栖遭沉船事故，引发旧疾。

1878 年 （光绪四年戊寅）

春，胡庆余堂大井巷店屋正式落成营业。

胡雪岩受陕甘总督左宗棠之托，在上海通过德商泰来洋行向德国购置纺织机器、招聘外籍技术人员，筹办甘肃织呢总局。第二年 9 月，该局正式开工，此为中国第一家机制国货厂。4 月 12 日（三月初十），左宗棠致信陕西巡抚谭钟麟，表示对遭沉舟之惊的胡雪岩"殊为悬系"，希望他早日康复，"共措危局"。

5 月 15 日 （四月十四日），左宗棠上《道员胡光墉请破格奖叙片》，高度评价胡雪岩的劳绩，要求皇帝赏胡穿黄马褂。

9 月，胡雪岩向华商乾泰公司和英商汇丰银行各借洋款 175 万两，这是第五次西征借款。

1880 年 （光绪六年庚辰）

秋，胡雪岩为左宗棠购买的开河机器运抵西北泾源工地。

1881 年 （光绪七年辛巳）

左宗棠已离开西北、奉召在京，但甘肃、新疆财政拨款没有着落，应继任杨昌浚和刘锦棠的要求，左宗棠又叫胡雪岩代借洋债 400 万两。

5、6 月间，新丝上市，胡雪岩陆续斥资收购。

1882 年（光绪八年壬午）

6 月 10 日（四月二十五日），身为两江总督的左宗棠到上海采运局会晤胡雪岩。

1883 年（光绪九年癸未）

5 月，胡雪岩囤丝达 1.4 万包，据说投资近 2000 万两。

10 月 22 日（九月二十二日）上午，左宗棠在上海两次会晤胡雪岩，可能是商议破产清账事宜。11 月，因洋商联合拒收生丝，加上时局动荡、金融恐慌，胡雪岩资金周转失灵，又担心丝货变质。开始被迫低价脱售生丝。29 日（十月三十日），胡雪岩将 7070 包四号辑里湖丝以每包 362.5 两的低价脱售给英商埃特姆生，经手人徐棣山，成交合同由章辰谷执笔。

12 月 5 日（十一月初六日），胡雪岩在上海、北京、镇江、杭州、宁波以及湖南、湖北开设的阜康银号、钱庄全部破产倒闭。

1884 年（光绪十年甲申）

2 月 26 日（正月三十日），左宗棠在上海江南制造局用完午餐后到采运局往访胡雪岩，因胡已去南京而未遇。

同年，清廷下谕革去胡雪岩江西候补道职衔，勒令清理阜康在各地方欠的公私款项。

署两江总督曾国荃在咨复户部的公函中，客观评价胡雪岩借款接济西征军的劳绩，认为胡氏于西征款项中扣除的水脚行用补水银两过去已经报销备案，朝廷应讲信誉，免予追缴。

经左宗棠同意，胡家与最大债权人文煜家签订买卖胡庆余堂契约，价值数百万的胡庆余堂卖价仅 18 万两。

1885 年（光绪十一年乙酉）

9 月 5 日（七月二十七日），左宗棠在福州病逝，官司缠身的胡雪岩失去靠山。

12 月 6 日 （十一月初一日），胡雪岩在杭州忧惧而死。不久，其母胡金氏也去世。

12 月 17 日 （十一月十二日），户部尚书、军机大臣阎敬铭奏请：把胡雪岩拿交刑部严究定罪、勒令胡氏家属悉数完缴欠款。同时，要求朝廷发文给步军统领衙门、顺天府五城、浙江巡抚及各省督抚，将胡雪岩在原籍及各地的财产查封报部、变价备抵。

12 月 30 日 （十一月二十五日），浙江巡抚刘秉璋接到要将胡雪岩逮捕法办的圣旨，当即密札杭州知府督同钱塘、仁和两县令去胡家查封，方知胡雪岩早已死去，家属住房租自朱姓。1886 年（光绪十二年丙戌）

3 月 23 日 （二月十八日），刑部书吏黄寅发文宣布胡雪岩所欠公款业已收缴完毕，请免置议。1899 年（光绪二十五年乙亥）

胡雪岩后嗣缄三、胡品三与文煜后人志静轩订立契约，正式写明胡家将元宝街老屋另立杜绝卖契，归文府管业，文家从胡庆余堂分 18 股 "招牌股" 红利作为胡氏后人生活费。

附录二：胡雪岩商政语录

生意经

官票刚刚发出来，好坏虽然还不晓得，不过我们总要往好的地方去想，不能往坏的地方去想。因为官票固然人人要用，但利害关系最密切的是我们钱庄，官票信用不好，第一个倒霉的是我们钱庄，所以钱庄要帮官票做信用。

我们做生意一定要做得活络，移东补西不穿帮，就是本事。你要晓得，所谓"调度"，调就是调动，度就是预算，预算什么时候款子进来，预先拿它调动一下，这样做生意，就比人家走在前面了。

我的市面要摆到京，摆到外国，人家办不到的事我办得到，才算本事。

做生意第一要市面平静，平静才会兴旺，我们做好事，就是求市面平静。"饥寒起盗心"，吃亏的还是有钱的人，所以做生意赚了钱要做好事。

做生意总要市面平静，而市面的平静，不能光靠官府，全需大家同心协力。胡雪岩一向有此想法，所以听了老太爷的话，细想一想其中的利害关系，自觉义不容辞，有替漕帮好好出番力的必要。

看样子洪杨的局面难以久长。一旦战局结束，抚辑流亡，百为俱举，那时有些什么生意好做？得空倒要好好想它一想，要抢在人家的前面，才有大钱可赚。

为啥要开典当，开药店？这两样事，一时都无利可图，完全是为了公益，我开典当是为了方便穷人。胡雪岩三个字，晓得的人，也不算少了，但只有做官的和做生意的晓得，我以后要让老百姓都晓得，提起胡雪岩，说一声：这个人不错！事业就会越做越大。为此，我要开药店，这是扬名的最好办法。再说，乱世多病痛，大乱以后，必有瘟疫，将来药店的生意，利人利己，是一等一的好事业。

做小生意迁就局势，做大生意先要帮公家把局势扭转过来。大局好转，我们的生意就自然有办法。

犯法的事，我们不能做，不过，朝廷的王法是有板有眼的东西，他怎么说，我们怎么做，这就是守法。他没有说，我们就可以照我们自己的意思做。

我，胡某人有今天，朝廷帮我的忙的地方，我晓得，像钱庄，有利息轻的官款存进来，就是我比人家有利的地方。不过，这是我帮朝廷的忙所换来的，朝廷是照应你出了力、戴红顶子的胡某人，不是照应你做大生意的胡某人，这中间是有分别的。

朝廷应该照应做大生意的。不过，我是指的同外国人一较高下的大生意而言。凡是销洋庄的，朝廷都应该照应，因为这就是同外国人"打仗"，不过不是用真刀真枪而已。

我同洋人"商战"，朝廷在那里看热闹，甚至还要说冷话、扯后腿，你想，我这个仗打得过打不过人家？

我胡某人自己觉得同人家不同的地方就在这里，明晓得打不过，我还是要打。而且，我要争口气给朝廷看，叫那些大人先生自己觉得难为情。

四海之内皆弟兄，况且海禁一开，我们自己不亲近，更难对付洋人了。

那些人是闭门造车谈洋务，一种是开口就是"夷人"，把人家看做茹毛饮血的野人，再一种就是听见"洋人"二字，就恨不得先跪下来叫一声："洋大人。"这样子谈洋务，办洋务，无非自取其辱。

恨洋人的，事事掣肘，怕洋人的，一味讨好，自己互相倾轧排挤，洋人脑筋快得很，有机可乘，决不会放过。这类人尤其可恶。

你说现在是出人才的时世，我相信！乱世做事，不必讲资格例规，人才容易出头。再有一层，你到过上海，跟洋人打交道，就晓得了，洋人实在有洋人的长处，不管你说他狡猾也好，寡情薄义也好，有一点我们及人家不来，人家丁是丁，卯是卯，你说得对，他一定服你，自己会认错。不像我们，明明晓得这件事错了，不肯承认，仿佛认了错，就失掉了天朝大国的面子。像洋人那样，不会埋没你的好处，做事就有劲儿了，才气也容易发挥了。凡是有才气的人，都是喜欢做事的，不一定为自己打算。所以光是高官厚禄，不见得能出人才，只出旗人对皇上自称的"奴才"！

表面上看起来，种鸦片、卖鸦片的，都是东印度公司，其实是英国政府在操纵，只要对东印度公司稍微有点不利，英国政府就要出面来交涉了。东印度公司的盈余，要归英国政府，这也还罢了，然而，丝呢？完全是英国商人自己在做生意，盈亏同英国政府毫不相干，居然也要出面来干预，说你们收的茧捐太高了，英商收丝的成本加重，所以要减低。

人家的政府，处处帮商人说话，我们呢？

局势要坏起来是蛮快的，现在不趁早想办法，等临时发觉不妙，就来不及补救了。

钱财身外之物，我不肯输这口气，尤其是输给洋人，更加不服。

原来胡雪岩近几年来做丝生意，已经超出在商言商的范围，而是为了维护江浙养蚕人家，几百万人的生计。跟洋商斗法，就跟打仗一样，论虚实，讲攻守，洋商联合在一起，实力充足，千方百计进攻，胡雪岩孤军应战，唯有苦撑应变。这情形就跟围城一样，洋商大军压境，吃亏的是劳师远征，利于速战；被围的胡雪岩，利于以逸待劳，只要内部安定，能够坚守，等围城的敌军，师劳无功，军心涣散而撤退时，开城追击，可以大获全胜。

洋人做生意，官商一体，他们的官是保护商人的，有困难，官出来挡，有麻烦，官出来料理。他们的商人见了官，有什么话可以实说。我们的情形就不同了，官不恤商艰，商人也不敢期望官会替我们出面去论斤争两。这样子的话，我们跟洋人做生意，就没有把握了。你看这条路子走得通，忽然官场中另出一个花样，变成前功尽弃。譬如说，内地设海关，其权操之在我，有海关则不便洋商便华商，我们就好想出一个办法来，专找他们这种"不便"的便宜，现在外国领事提出抗议。如果撤销了这个海关，我们的打算，岂不是完全落空？

洋人做生意，跟我们不同，他们做生意，讲究培养来源，所以亦决不会要求过分。

我将来要跟外国一较短长。我总在想，他们能做的，我们为什么不能做？中国人的脑筋，不比外国人差，就是不团结。所以我要找几个志同道合的人，联合起来，跟外国人比一比。他到我们这里来做生意，我们也可以到他那里去做生意。在眼前来说，中国人的生意应该中国人做，中国人的钱也要中国人来赚。只要便宜不落外方，不必一定要我发达。

这个不难！洋庄丝价卖得好，哪个不乐意？至于想脱货求现的，有两个办法：第一，你要卖给洋鬼子，不如卖给我。第二，你如果不肯卖给我，也不要卖给洋鬼子，要用多少款子，拿货色来抵押，包他将来能赚得比现在多。这样，此人如果还一定要卖货色给洋鬼子，那必定是暗底下受人家的好处，有意自贬身价，成了吃里扒外的半吊子，可以鼓动同行，跟他断绝往来，看他还狠到哪里去？

凡事就是起头难，有人领头，大家就跟着来了。做洋庄的那些人，生意不动，就得吃老本，心里何尝不想做？只是胆小，不敢动。现在我们想个风险不大的办法出来，让大家跟着我们走。那时候，你想一想，我们在这一行之中，是什么地位？

丝商联合起来跟洋行打交道，然后可以制人而非受制于人。这又有两个办法，第一个，我们先付定金，或者四分之一，或者三分之一，货色就归我们，等半年以后付款提货。价钱上通扯起来，当然要比他现在就脱手来得划算，人家才会点头，第二个办法是联络所有的丝客人，相约不卖，由他们去向洋人接头讲价，成交以后，抽取佣金。

做生意怎么样的精明，十三档算盘，盘进盘出，丝毫不漏，这算不得什么！顶要紧的是眼光，生意做得越大，眼光越要放得远，做小生意的，譬如说，今年天气热得早，看样子这个夏天会很长，早早多买进些蒲扇摆在那里，这也是眼光。做大生意的眼光，一定要看大局，你的眼光看得到一省，就能做一省的生意，看得到天下，就能做天下的生意，看得到外国，就能做外国的生意。

我是看到天下！"长毛"不成大事，一定要败。不过这还不是三年两年的事，仗有得好打，我做生意的宗旨，就是要帮官军打胜仗。

只要能帮官军打胜仗的生意,我都做,哪怕亏本也做。要晓得这不是亏本,是放资本下去,只要官军打了胜仗,时世一太平,什么生意不好做?到那时候,你是出过力的,公家自会报答你,做生意处处方便。你想想看,这还有个不发达的?

多少年来我就弄不懂,士农工商,为啥没有奸士、奸农、奸工,只有奸商?可见得做生意的人的良心,别有讲究,不过要怎么个讲究,我想不明白。现在明白了!对朝廷守法,对主顾公平,就是讲良心,就不是奸商!

老实说一句:做生意的守朝廷的法,做官的对朝廷有良心,一定天下太平。再说一句:只要做官的对朝廷讲良心,做生意的就不敢不守法。如果做官的对朝廷没有良心,要我们来对朝廷讲良心,未免迂腐。凡事只要秉公办理,就一定会有退步。

我常在想,人生在世应该先求名,还是先求利?有一天跟朋友谈到这个疑问,他说:别的我不知道,做生意是要先求名,不然怎么叫"金字招牌"呢?这话大有道理,创出金字招牌,自然生意兴隆通四海,名归实至。岂非名利就是一样东西?

譬如读书人,名气大了,京地大老,都想收这个门生,还不曾会试,好像就注定了一定会点翰林似的。

至于要发生作用,局势固然有关系,主要的是看力量。力量够,稍微再加一点,就有作用发生。

这两只杯子里的茶只有一半,那就好比茶叶同地皮,离满的程度还远得很,这满的一杯,只要倒茶下去,马上就会流到外面,这就是你力量够了,马上能够发生作用。

俗话说,不怕不识货,只怕货比货。政府也是一样的。有的人说,我们大清朝比明朝要好得多,照明朝末年,皇帝、太监那种荒唐法子，明朝不亡变成没有天理了。但是，货要比三家，所谓货比三家不吃亏，大清朝比明朝高明，固然不错。还要比别的国家，这就是比第三家。你说，比得上哪一国，不但英法美德，照我看比日本都不如。

外国人的花样厉害，漂洋过海，不当回事，做生意就是要靠运货方便，别人用老式船，我用新式船，抢在人家前面运到，自然能卖得好价钱。火轮船也见过，靠在码头上像座仓库，装的东西一定不少，倒不妨好好想一想，用轮船来运货，说不定可以发大财。

洋鬼子坏得很，你抬他的价，他不说你贵，表面跟你笑嘻嘻，暗底下另外去寻路子，自有吃本太重，急于想脱手求现的，肯杀价卖给他。你还在那里老等，人家已经吃进便宜货，装上轮船运到西洋去了。

做生意就怕心不齐，跟洋鬼子做生意，也要像茧行收茧一样，就是这个价钱，愿意就愿意，不愿意就拉倒。那一来洋鬼子非服帖不可。不过人心不同，各如其面，但也难怪，本钱不足，周转不灵，只好脱货求现，除非能把所有的"洋庄"都抓在手里。当然，天下的饭，一个人是吃不完的，只有联络同行，让他们跟着自己走。

为啥我要洋场势力？就因为做官的势力达不到洋场，这就要靠我这样的人来穿针引线。所以有了官场的势力，再有洋场的势力，自然商场的势力就容易多了。

"用兵之妙，存乎一心"！做生意跟带兵打仗的道理是差不多的，除看人行事，看事说话，随机应变之外，还要从变化中找出机会来，那才是一等一的本事。

你刚才所说的"三人同心，其利断金"，这句话真正不假。我们三个人，各占一门，你是洋行方面，尤五哥是江湖上，我在官场中也还有点路子。这三方面一凑，有得混了。

官场、商场都一样！总而言之，"同行相妒"，彼此能够不妒，什么事都可以成功。

今天我仔细想了一想，我的基础还是在钱庄上面。不过，我的做法还要改。势利、势利，利与势是分不开的，有势就有利，所以现在先不必求利，要取势。

商场的势力，官场的势力，我都要。这两样要到了，还不够，还有洋场的势力。

现在风气在变了！从前做生意的人，让做官的看不起，真正叫看不起，哪怕是扬州的大盐商，捐班到道台，一遇见科举出身的，服服帖帖，唯命是从。自从五口通商以后，看人家洋人，做生意跟做官的，没有啥分别，大家的想法才有点不同。这一年吧，照我看，更加不同了，做官的要靠做生意的！

我在想，禁止丝茶运到上海，这件事不会太长久的。搞下去两败俱伤，洋人固然受窘，上海的市面也要萧条。我们的做法，应该从中转圜，把彼此不睦的原因拿掉，叫官场相信洋人，洋人相信官场，这样子才能把上海弄热闹起来，那时开戏馆也好，买地皮也好，无往不利。

做大生意就要这样，帮官场的忙，就等于帮自己的忙。现在督、抚两衙门，都恨英国人接济刘丽川。这件事有点弄僵了，仿佛斗气的样子。其实两方面都在懊悔，拿中国官场来说，如果真的断了洋商的生路，起码关税就要少收。所以禁制之举，也实在叫万不得已。如果有人出来从中调停，就此言归于好，不是办不到的事。

洋人虽刁，刁在道理上，只要占住了理，跟洋人交涉也并不难办。最怕自己疑神疑鬼，或者一定要保住"天朝大国"的面子，洋人要听一句切切实实的真心话，自己偏跟他推三阻四地敷衍，那就永远谈不拢了。洋人办事跟我们有点不同。我们是讲信义通商，只凭一句话算数，不大去想后果。洋人呢？虽然也讲信义，不过更讲法理，而且有点"小心之心"，不算好，先算坏，拿借钱来说，第一件想到的事是，对方将来还不还得起？如果还不起又怎么办？

洋人总还好办，他们很厉害，不过讲道理。最怕自己人闹意气。

人家外国人，特别是英国，做生意是第一等人。我们这里呢，士农工商，做生意的，叫啥"四民之末"，现在更加好了，叫做"无商不奸。"

你不要"晕淘淘"，真的当你做生意的本事有多大！我跟你说一句，再大也大不过外国人，尤其是英国人。为啥？他是一个国家在同你做生意，好比借洋款，一切都谈好了，英国公使出面了，不还？真的不还，你试试看，软的，海关捏在人家手里，硬的，他的兵舰开到你的口子外头，大炮瞄准你城里热闹的地方。这同"阎王账"一样，你敢不还？不还要你的命！

虽说决定了根本的宗旨，仍然以做钱庄为主，但上海这个码头，前程似锦，也不大肯放弃。有了官场与洋场的势力，商场的势力才会大，如果何桂清放了浙江巡抚，以王有龄跟他过去的渊源，加上目前自己在苏州与他一见如故的关系，这官场的势力，将会无人可以匹敌，要做什么生意，无论资本调度，关卡通行，亦就无往不利。

洋人的企图，无非想在中国做生意，而中国从朝廷到地方，有兴趣的只是稳定局势，其实两件事是可以合起来办的，要做生意，自然要求得市面平静，要求市面平静，当然先要在战事上取胜。

处世鉴

做官也有做官的乐趣，起码荣宗耀祖，父母心里就会高兴。像我，有朝一日发了大财，我老娘的日子自然会过得很舒服。不过一定美中不足，在她老人家心里，十来个丫头伺候，不如朝廷一道"诰封"来得值钱！

担心有什么意外？凡事物极必反，乐极生悲？我是不大相信这一套的。有什么意外，都因为自己脑筋不够用的缘故。

请个诰封，自然不是太难的事，只是做官要做得名副其实，官派十足，那就不容易了。不是我菲薄做官的，有些候补老爷，好多年派不上一个差使，穷得吃尽当光。这样子的官，不做也罢。

我从不爱在人背后传话。无端生出是非，于人有损，于己无益，何苦来哉！

"不招人妒是庸才"，可以不招妒而自己做得招妒，那就太傻了。

为人处世，一向奉"不招忌"三个字为座右铭，自己的身份与蒋益澧差不多，但在左宗棠手下，到底只算一个客卿，如果形迹太密，甚至越过蒋益澧这一关，直接听命于左宗棠，设身处地为人想一想，心里也会不舒服。现在当着本人在此，而委任的札子却要交由蒋益澧转发，便是尊重藩司的职权，也是无形中为他拉拢蒋益澧，仅不过公事上小小的一道手续，便有许多讲究，足见得做官用人，不是件容易的事。

办大事最要紧的是拿主意！主意一拿定，要说出个道理来并不难。

"与其待时，不如乘势"，许多看起来难办的大事，居然顺顺利利地办成了，就因为懂得乘势的缘故。

人要识潮流，不识潮流，落在人家后面，等你想到要赶上去，已经来不及。

做人就要像哔叽一样，经得起折磨，到哪里都显得有分量。

生意失败，还可以重新来过，做人失败不但再无复起的机会，而且几十年的声名，付之东流。世上随便什么事，都有两面，这一面占了便宜，那一面就要吃亏。做生意更是如此，买卖双方，一进一出，天生是敌对的，有时候买进占便宜，有时候卖出占便宜，会做生意的人，就是要两面占它的便宜，涨到差不多了，卖出，跌到差不多了，买进，这就是两面占便宜。

这也不可一概而论，赴试登进，自是正途，但"场中莫论文"，要靠"一命，二运，三风水"，所以怀才不遇的也多的是。捐例开了方便之门，让他们有个发挥机会，不致埋没人才，也是莫大功德之事。

于此可见，凡事总要动脑筋。说到理财，到处都是财源。一句话，不管是做官的对老百姓，做生意的对主顾，你要人荷包里的钱，就要把人伺候得舒服，才肯心甘情愿掏腰包。

其实老百姓也很好伺候，不打官腔，实事求是，老百姓自会说你是好官。

你我的性情，就是一个因，你晓得我吃软不吃硬，人穷志不穷的脾气，这样才会投缘。所以有人说的无缘，其实是无因，彼此志趣不合，性情不投，哪里会做得成朋友？

捡起一把碎石子，一粒一粒抛向水里，看着涟漪一个个出现、扩大、消失，忽然觉得世间凡事都是如此，小小一件事，可以引起很大的烦恼，如果不理它，自然而然地也就忘记了。

就像筑堤防水一样，多少日子，多少人工，辛辛苦苦到了"合龙"的那一刻，非要眼明手快，把握时机不可，河官到了合龙的时候，如果情况紧急，往往会纵身一跳，跳在缺口里，身挡洪流。别人看他如此奋不顾身，深受感动。自然一起着力，得收全功。

凡事总要有个退步。即使出了事，也能够在台面上说得过去。

我们的生意，不管是啥，都是这个宗旨，万一失手，有话好说。这样子，别人能够原谅你，就还有从头来起的机会，虽败不倒。

"官官相护"原是走遍天下十八省所通行的惯例，前任有什么纰漏，后任总是尽量设法弥补。有些人缘好的官儿，闹了亏空，甚至由上司责成后任替他设法清理，也是屡见不鲜的事，只是有两种情形例外，一种是与后任的利害发生冲突，不能不为自己打算，一种就是前后任有仇怨，恰好报复。

"世事洞明皆学问"，光是死读书，做八股，由此飞黄腾达，倒不如一字不识，却懂人情世故的人。

时逢乱世，哪里都可以立功名，何必一定要从试场中去讨出身？越是乱世，机会越多。

他很冷静，就当估量一笔有暴利可图，但亦可能大蚀其本的大生意那样，不动感情，纯从利害去考虑。

人生在世，为什么？就是吃吃喝喝过一生？

我是说，像隔壁那两位老太爷，大概是靠收租过日子的乡绅。这样的人家，我们杭州也很多，祖上做过官，挣下一批田地，如果不是出了个败家精，安分度日，总有一两代好吃。本身也总有个把功名，好一点是进过学的秀才，不然就是二三十两银子捐来的监生，也算场面上的人物。一年到头无事忙，白天"孵茶馆"，晚上"摆一碗"，逍遥自在到六七十岁，一口气不来，回老家见阎王，说是我阳世里走过一遭了。问他阳世里做点啥？啥也不做！像这样的人，做鬼都没有意思。

这就叫"知足常乐"。凡事能够退一步想，就没有烦恼了。

穷了想富，富了想贵，人之常情。女人总是女人！女人能干要看地方，男人本性上做不到的事，女人做得到，这才是真正能干。如果你像男人那样能干，只有嫁个没用的丈夫，才能显你的长处，不然，就决不会有好结果。为啥呢？一个有骨气的丈夫，样样事情好忍，就是不能容忍太太在外场上扎丈夫的面子。

人有男女，就好比天地有阴阳，万物有刚柔，如果女人跟男人一样，那就是只阳不阴，只刚不柔，还成什么世界？再说，一对夫妻，都是阳刚的性子，怎么合得拢套？

我想，人生在世，实在奇妙难测。我敢说，没有一个人，今天能晓得明天的事。

我不是昧着良心说话，这不过逢场做戏，要看机缘，总要顺乎自然，不可强求。

"英雄难过美人关"，一等一的厉害角色，在这上头，往往手足无措，一筹莫展，这便又用得着"旁观者清"这句话了。

人，有的时候要冒险，有的时候要稳当。

有句老古话，叫做"同舟共济"，一条船上不管多少人，性命只有一条，要死大家死，要活大家活。遇到风浪，最怕自己人先乱，一个要往东，一个要往西，一个要回头，一个要照样向前，意见一多会乱，一乱就要翻船。所以大家一定要稳下来。

做事容易做人难！从今天起，我们有许多辛苦，不过也有很划算的事要做，做起来顺利不顺利，全看我们做人怎么样？

世界上有许多事，本来是用不着才干的，人人能做，只看你是不是肯做，是不是一本正经去做？能够这样，就是个了不起的人。

中国人有句话，叫做"业精于勤，荒于嬉"，这个"勤"字照我讲，应该当做敬业的敬，反过来"嬉"字不作懒惰解释，要当做浮而不实的不敬来说。敬则专，专心一志，自然精益求精。人的精力到底有限，经手的事情太多，眼前来看，好像面面俱到，未出纰漏，其实是不是漏了许多好机会，谁也不得而知。

我说的闯是，遇到难关，壮起胆子来闯。越怕越误事，索性大胆去闯，反倒没事。从杭州到宁波，一路上我的心冷透了，整天躺在床上在想，一个人为啥要跟另外一个人有感情？如没有感情，他是他，我是我，用不着替他牵肠挂肚，所以我对自己说，将来等我心境平静了，对什么人都要冷淡些。

此刻我的想法变过了，人还是要有感情的，就为它受罪，为它死⋯⋯

做事不能只讲感情，要讲是非利害。

救急容易救穷难。

自己做生意，都与时局有关，在太平盛世，反倒不见得会这样子顺利。由此再往深处去想，自己生在太平盛世，应变的才具无从显现，也许就庸庸碌碌地过一生，与草木同腐而已。

总而言之，我看人总是往好处去看的，我不大相信世界上有坏人。没有本事才做坏事，有本事一定会做好事。既然做坏事的人没有本事，也就不必去怕他们了。

男人是没良心的多，见一个，爱一个，爱一个，丢一个，女人不同，一颗心飘来飘去，等到一有着落，就像根绳子一样，捆得你紧紧地，再打上个死结，要解都解不开。

人之好善，谁不如我？略有身价，总想力争上游，成为衣冠中人，但虽出淤泥，要想不染却甚难，因为过去的关系，拉拉扯扯，自己爱惜羽毛不肯在烂泥塘里一起打滚，无奈别人死拉住不放，结果依旧同流合污。

他讲了一套"身外之物"的道理，人以役物，不可为物所役，心爱之物固然要当心被窃，但为了怕被窃，不敢拿出来用，甚至时时忧虑，处处分心，这就是为物所役，倒不如无此一物。

他也相信看相算命，不过只相信一半，一半天意，一半人事，而人定可以胜天。脱运交运的当口，走不得桃花运，这话固然不错，却要看桃花运是如何走法？

事情是件好事，不过要慎重，心急不得。而且像这样的事，一定会遭同行的妒，所以说话也要小心。

细想一想，自己确是有这样在辞令上咄咄逼人的毛病，处世不太相宜，倒要好好改一改。

哪个说"福无双至"？机会来起来，接二连三，推都推不开。

"把戏人人会变，各有巧妙不同"，巧妙就在如何不拆穿把戏上面。

有本事也还要有骨气。"恃才傲物"四个字，里面有好多学问，傲是傲他所看不起的人，如果明明比他高明不肯承认，眼睛长在额角上，目空一切，这样的人不是"傲"是"狂"，不但不值得佩服，而且要替他担心，因为狂下去就要疯了。

世俗都道得一个"缘"字，其实有因才有缘。

有时道理不通，大家习焉不察，也就过去了，而看来不可思议之事，细想一想竟是道理极通，无可驳诘。所以只要心定神闲，想得广、想得透，蹈暇乘隙，避重就轻，大事化小，小事化无，亦并不难。

人不能有所蔽，有所蔽则能见秋毫，不见舆薪。世上明明有许多极浅显的道理，偏偏有人看不破，这是哪里说起？

其实胡雪岩的手腕也很简单，凡是忠厚老实的人，都喜欢别人向他请教，而他自己亦往往知无不言，言无不尽。胡雪岩会说话，更会听话，不管那人是如何地语言无味，他都能一本正经，两眼注视，仿佛听得极感兴味似的，同时，他也真的是在听，紧要关头补充一两句，引申一两义，使得滔滔不绝者，有莫逆于心之快，自然觉得投机而成至交。

戏法总是假的，偶尔变一两套可以，变多了就不值钱了，值钱的还是有真东西拿出来。

钱是有了，但要事情办得顺利，还得有人，如果是光开家钱庄，自己下手，一天到晚盯在店里，一时找不着好帮手也不碍。而现在的情形是，自己要在各方面调度，不能为日常的店面生意绊住身子，这就一定要找个能干而靠得住的人做挡手。

他是这样打算，刘庆生是个可造之才，但是立柜台的伙计，一下子跳成挡手，同行难免轻视，要想办法提高他的身份，培养他的资望。现在替黄宗汉去办理汇款，显得来头不小，以一省来说，抚台是天字第一号的主顾，有这样的大主顾在手里，同行对刘庆生自然会刮目相看。

官场的规矩我不懂，不过人同此心，捡现成要看看，于人无损的现成好捡，不然就是抢人家的好处，要将心比心，自己设身处地，为别人想一想，铜钱银子用得完，得罪一个人要想补救不大容易。

雪公，你鸿运当头，做事千万要漂亮。

诚则灵！种瓜得瓜，种豆得豆，因果不可不信。

总之，无事不可生事，有事不可怕事。

有事不可怕事者，是要沉得住气，气稳则心定，心定则神闲，死棋肚里才会出仙招。

不过我有了钱，不是拿银票糊墙壁，看看过瘾就算数，我有了钱要用出去！世界上顶顶痛快的一件事，就是看到人家穷途末路，几乎一钱逼死英雄汉，我有机会挥手斥金，喏，拿去用！够不够？

还有一样，做生意发了财，尽管享用，盖一座大花园，讨十七八个姨太太住在里面，没有人好说闲话。做官的发了财，对不起，不好这样子称心如意！味道就不好过了。

我不是这么想，做生意的见了官，好像委屈些，生意发达了才快活！

不说别的，叫人背后指指点点，骂一声"赃官"，这其实做生意有做生意的乐趣。做官有许多拘束，做说到我的志向，与众不同，我喜欢钱多，越多越好！

为人术

我是一双空手起来的，到头来仍旧一双空手，不输啥！不但不输，吃过、用过、阔过，都是赚头。只要我不死，你看我照样一双空手再翻起来。

面子就是招牌，面子保得住，招牌就可以不倒，这是一句总诀。你看了人再用，不要光看人家的面子，人用得不好，受害的是自己。

因此，只要有了私心重的挡手，一到动了自立门户的念头，就必然损人以利己，侵蚀到东家的利益，即便是东家所一手培植出来的，亦不会觉得自己忘恩负义，因为他替东家赚过钱，自以为已经报答过了。

什么事，一颗心假不了，有些人自以为聪明绝顶，人人都会上他的当，其实到头来原形毕露，自己毁了自己。一个人值不值钱，就看他自己说的话算不算数。

这个人够味道就在这种地方，明明帮你的忙，还要叫你心里舒坦。

靠山都是假的，本事跟朋友才是真的。有本事，有朋友自然寻得着靠山。

用人之道，不拘一格，能因时因地制宜，就是用人的诀窍。

做人总要讲宗旨，更要讲信用，说一句算一句。

钱是小事，难得的是他的这片心，这番力！交朋友交到这样，实在有些味道了。

听话的人了解，人与人之间，交情跟关系的建立与进展，全靠在这种地方有个扎实的表示。这一步跨越不了，密友亦会变成泛泛之交。

三个人天南地北，不知冥冥中是什么力量的驱使，得能聚在一起，像七巧板一样，看似毫不相干，居然拼出一副花样，实在巧妙之至。

一个人不怕一万，独怕万一。人心多险，一步错走不得。我平日做人，极为小心，不愿得罪人，但难免遭妒，有人暗中算计，亦未可知。

他的铁定不变的宗旨，是杭州的一句俗语："花花轿儿人抬人"，这个宗旨，为他造成了今天的地位，以后自然还是奉行不渝。

人手不够是顶苦恼的事。从今天起，你也要留意，多找好帮手。

像现在这样，好比有饭吃不下，你想可惜不可惜。

俗语道得好："在家靠父母，出外靠朋友"。我是在家依靠朋友，所以不能不为朋友着想。

我劝你在生意上巴结，不光是为我，是为你自己。你最多拆我两次烂污，第一次我原谅你，第二次对不起，要请你卷铺盖了，如果烂污拆得太过，连我都收不了场，那时候该杀该剐，也是你去。不过你要晓得，也有人连一次烂污都不准人拆的，只要有这么一次，你就吃不开了。

一切都是假的，靠自己是真的，人缘也是靠自己，自己是个半吊子，哪里来的朋友？

既然是一家人，无话不可谈，如果你那里为难，何妨实说，大家商量。你们的难处就是我们的难处，不好只顾自己，不顾人家。

因为自己的话"上路"，人家才有这样漂亮的答复。如果以为事情成功了，那就只有这一次，这一次自然成功了，说过的话，一定算数。但自己这方面，既然已经知道他有难处，而且说出了口，却以有此漂亮答复，便假作痴呆，不谈下文，岂非成了"半吊子"？交情当然到此为止，没有第二回了。

我再说一句，这件事一定要你们这方面能做才做，有些勉强，我们宁愿另想别法。江湖上走走，不能做害好朋友的行当。

有才干的人，总是有脾气的，不过脾气不会在家里发，在家里像只老虎，在外头像只"煨灶猫"，这种是最没出息的人。

说句实话，我别的长处没有，第一，自觉从未做过对不起朋友的事，第二，事情轻重出入，我极清楚。越是本事大的人，越要人照应。皇帝要太监，老爷要跟班，只有叫化子不要人照应，这个比方也不大恰当，不过做生意一定要伙计。胡先生的手面，你是晓得的，他将来的市面，要撑得奇大无比，没有人照应，赤手空拳，天大的本事也无用。

千万不要存了什么受人好处的心思！大家碰在一起，都是缘分，胡先生靠大家照应，他也不会亏待大家。再说句实话，我们就替胡先生做伙计，凭本事，凭力气挣家当，用不着见哪个的情。

有钱没有用，要有人，自己不懂不要紧，只要敬重懂的人，用的人没本事不妨，只要肯用人名声传出去，自会有本事好的人，投到门下。

要弄个舒舒服服的大地方，养班吃闲饭的人，三年不做事，不要紧，做一件事就值得养他三年。

身后的名气我不要，我只要生前有名，有一天我阜康的招牌，到处看得见，那就不白活一世了。

仅有志向，不能识人、用人，此之谓"志大才疏"，像那样的人，生来就苦恼！

不得志的时候，自觉埋没英才，满腹牢骚，倘或机缘凑巧，大得其发，却又更坏！

这个道理，就叫"爬得高，跌得重"！他爬上去是靠机会，或者别的人有意把他捧了上去的，捧上了台，要能守得住，也不是件容易的事。这一跤摔下来，就不送命，也跌得鼻青脸肿。所以这种志大才疏的人，怎么样也是苦恼！